CARAT

DE LA MÊME AUTEURE

L'ÂME DU VIOLON, *roman*, Grasset, 2019.

MARIE CHARVET

CARAT

roman

BERNARD GRASSET
PARIS

Jaquette : Atelier Mook

ISBN 978-2-246-83150-1

À Odile,
À Suzanne,

L'amour, cet unique carat.

CARAT n. m. (italien *carato,* de l'arabe *qīrātlowdot,* poids, du grec *keration,* petit poids)

1. Unité de mesure de masse de 2 dg, employée dans le commerce des diamants et pierres précieuses. (Nom officiel carat métrique.) **2.** Unité du titrage de l'or dans un alliage. (Chaque carat représente un vingt-quatrième du poids de l'alliage.) **3.** FAMILIER. *Dernier carat* : dernière limite, jusqu'au dernier moment.

1.

Agathe attend en silence. Dans l'ambiance feutrée de l'étude notariale, elle observe Ludovic assis dans un fauteuil de velours vert, la tête penchée sur les documents posés sur le bureau. Il est le fils d'un ami de sa mère et elle le connaît depuis l'enfance.

Il est devenu notaire comme son père et a pris naturellement sa place dans l'étude familiale à l'issue de sa formation. Aucune surprise dans son parcours, pense Agathe en regardant ses mains soignées, son costume gris perlé parfaitement coupé, ses boutons de manchettes, son alliance un peu large et sa raie sur le côté qui tente d'ordonner au mieux une masse de cheveux raides. Mais en comparant sa vie avec celle de Ludovic, marié, père de famille et associé dans l'étude, Agathe est brusquement saisie par la différence qui les sépare maintenant. Tous deux ont 34 ans et mènent une carrière sans accroc, mais elle est célibataire et sans enfant, et désormais orpheline puisque sa mère vient de mourir et qu'elle n'a jamais connu son père.

— Je ne vais rien t'apprendre de très nouveau, Agathe, dit enfin Ludovic en rompant le silence qui régnait dans l'étude. En tant que commissaire-priseur, tu connais les lois de succession comme moi. Dans le cas d'un décès, l'État prélève *de facto* 5 % de la valeur du mobilier. Je te conseille d'appeler au plus vite un expert pour estimer les meubles et les objets de ta mère. Et s'il te plaît, évite d'interroger ton entourage ou quiconque qui soit en lien avec ton travail. Par expérience, ce n'est pas souhaitable de mêler ta vie professionnelle à ce genre de situation.

Aimée Valmy de Bézieux est décédée depuis un mois maintenant, le 10 juin 2014 exactement, d'un arrêt du cœur brutal que rien ne laissait présager, si ce n'est son tempérament excessif, elle qui, à 63 ans, brûlait la chandelle par les deux bouts. Après avoir organisé les obsèques, la cérémonie et l'inhumation, Agathe doit maintenant gérer la succession.

— Autre chose, poursuit Ludovic, étant donné que ta mère a vendu son appartement en viager, tu as deux mois pour remettre les clés au débirentier, ce qui te mène au 11 août. Je sais que c'est court et que tu dois vider un lieu où ta mère a vécu plus de quarante ans, mais c'est le délai légal.

Ludovic marque une pause et lève les yeux vers Agathe avant de reprendre :

— Concernant les studios d'Antibes et de La Baule, tu peux compter sur moi pour mener les estimations. As-tu réfléchi à ce que tu veux en faire ? Aimerais-tu les garder ?

— Je n'ai pas eu le temps de me pencher sur la question depuis l'enterrement. Je devais terminer en urgence un projet de vente d'art asiatique. À vrai dire, je n'ai pas de souvenirs attachés à ces studios. Depuis que ma mère a vendu les propriétés de famille contre ces appartements, j'y suis peu allée. Mais enfant j'ai passé de merveilleuses vacances dans ces endroits… J'ai du mal à me décider.

— Je vois. Voilà ce que je peux faire. Je vais tâcher d'évaluer au plus vite le montant des frais de succession, ce qui pourrait t'aider à prendre une décision. Mais ne traîne pas à faire expertiser le mobilier et les bijoux. L'été n'est pas propice pour ce genre de demandes.

— Merci mille fois pour ton aide. Il faut que tu saches qu'Aimée a vendu beaucoup de biens ces dernières années : des tableaux, des sculptures, certains meubles. Elle a même mis en vente la tapisserie de Jacqueline Dürrbach, ce qui m'a mise dans une colère folle à l'époque. Ces ventes ont sacrément réduit la collection que mon grand-père avait constituée. L'appartement de la rue Jacob ne ressemble plus à ce que tu as connu.

— J'ai pourtant souvenir qu'elle était passionnée d'art.

— Elle l'était oui, mais elle a dû vendre pour absorber ses dettes et maintenir son train de vie. Beaucoup de choses y sont passées, surtout les dernières années. C'était avant qu'elle n'en arrive à envisager la décision extrême de vendre son appartement en viager.

— Je suis encore désolé de t'avoir annoncé cet état de fait si brutalement. J'étais à mille lieues d'imaginer qu'elle ne t'ait pas informée de son projet. Mon père aussi pensait que tu étais au courant.

— Ne t'en fais pas, je comprends bien que tu ne pouvais pas savoir. Mais tout même ! Le débirentier a fait l'affaire du siècle. Il aura payé des rentes pendant à peine deux ans et clac, la propriétaire meurt et le voilà en possession d'un appartement qui aurait valu au plus bas 1,5 million d'euros. C'est fou !

Agathe marque une pause avant de prendre congé :

— Je vais y aller. Merci pour tout ce que tu fais pour moi. Et remercie encore ton père. Au fait, comment va-t-il ?

— Il va bien mais il est très affecté par la mort d'Aimée. Je n'ai pas souvenir de l'avoir vu comme ça à l'annonce d'un décès.

Pour éviter d'être gagnée par un nouvel accès d'émotion, Agathe se lève vivement, défroisse sa jupe noire d'un geste machinal, attrape son sac à main et s'approche de Ludovic pour lui dire au revoir. Des bises rapides claquent.

— Merci Ludo. À très vite.

— De rien. Je te tiens au courant.

Agathe descend les escaliers de pierre et, une fois dans le hall de l'immeuble haussmannien, tâtonne dans la pénombre pour trouver le bouton qui commande l'ouverture de la porte. L'instant d'après, elle est sur le trottoir brûlant du boulevard Malesherbes, éblouie par le soleil qui brille encore haut en cette fin de journée de juillet. Elle attrape ses lunettes de soleil, jetées au hasard dans son sac cabas.

Elle se sent reconnaissante que Ludovic soit si présent et disponible pour elle et se trouve presque gênée, elle qui a du mal à être attentionnée à l'égard de ses proches. Elle aimerait tant pouvoir leur témoigner plus d'empathie et de sollicitude mais elle reste à distance. Timidité ? Pudeur ? Elle a du mal à le dire, mais elle instaure, malgré elle, une froideur qu'elle n'arrive pas à briser.

Ce soir, il fait peut-être 32 ou 33 °C, et l'air de la ville est chargé. Agathe n'aime pas Paris pendant les vagues de chaleur. Elle a l'impression d'étouffer. Elle a souvent entendu des amis vanter le bonheur de profiter de la capitale désertée l'été mais elle n'a jamais partagé ce point de vue. À ses yeux, les mois de juillet et d'août sont liés aux souvenirs de vacances et sont synonymes de vent, de soleil, de plein air et de bains de mer au lieu de quoi, elle suffoque en ce vendredi 12 juillet, veille d'un long week-end qu'elle aurait volontiers passé ailleurs qu'en ville. Voilà l'une des nombreuses conséquences de la mort de sa mère début juin : les congés qu'elle avait programmés sont passés à la trappe.

Agathe est fille unique et se trouve seule à gérer le décès de sa mère. En plus des démarches administratives, elle doit régler les questions du quotidien : payer les ultimes factures, résilier les abonnements, traiter le courrier qui continue d'arriver, clôturer les comptes en banque, pour la plupart débiteurs, affronter les crédits et les dettes à solder... Depuis un mois, elle est plongée dans la vie d'Aimée alors que cette dernière n'est plus là. Elle n'a jamais vécu une telle épreuve. Quel sentiment étrange que de pénétrer ainsi l'intimité d'un être qui vient de disparaître !

La situation est d'autant plus pénible que la relation qu'elle entretenait avec elle n'était pas bonne et s'était même dégradée au cours des trois dernières années. Elles ne se voyaient que très peu depuis une violente dispute qui s'était tenue un dimanche 8 mai.

« Quelle ironie de se fâcher le jour de la célébration de l'armistice ! » s'était-elle dit en y repensant plus tard, avec regret mais colère également.

Agathe pénètre dans un bureau de tabac situé à l'angle de la rue La Boétie et de la rue de Miromesnil. Encadrée par des dizaines de paquets de cigarettes derrière le comptoir décoré par la Française des jeux, une forte femme tente de s'éventer en agitant un éventail aux motifs chinois.

— Un Chesterfield Light, s'il vous plaît.

— Mon Dieu qu'il fait chaud, maugrée la femme en se retournant difficilement pour attraper le paquet demandé.

Le visage rouge et transpirant, elle dévisage Agathe tandis que celle-ci cherche la monnaie dans une pochette en cuir.

— Dites donc ! Vous n'avez pas chaud, habillée comme ça tout en noir ? Avec des manches longues et un collant ? Je ne sais pas comment vous tenez le coup…

— Voilà, répond Agathe en déposant l'argent sur le comptoir. Ne vous inquiétez, pas, ça va aller, poursuit-elle sans sourire.

Sur le trottoir, elle allume une cigarette et marche jusqu'à la station Saint-Augustin.

Elle a 34 ans et elle tient le coup comme elle peut depuis la mort de sa mère, il y a maintenant quatre semaines.

Dans la vitrine d'un magasin, elle aperçoit sa silhouette. Un rapide coup d'œil lui confirme ce qu'elle sait. Elle est mince, de taille moyenne, tout de noir vêtue comme à son habitude, ses cheveux auburn et ses yeux bleus sont ses seules touches de couleur. Le noir est sa signature vestimentaire depuis le lycée. Elle entretient avec application une coupe de cheveux à la Louise Brooks, pour laquelle elle lisse tous les matins ses boucles indisciplinées. Tout plutôt que de garder la chevelure volumineuse et envahissante dont elle a hérité de sa mère. C'est l'une des seules choses dans son physique qu'elle puisse changer, le reste de sa personne étant la copie quasi conforme de celle qu'était sa mère.

Cette ressemblance exaspère Agathe depuis son adolescence et le choix de cette coiffure années 1920 a été un acte pour tenter de l'atténuer. Il n'en reste pas moins que tout le monde s'étonne de leur similitude frappante. Pas plus tard qu'à l'enterrement, elle a encore dû supporter en silence les remarques de membres éloignés de la famille qui soulignaient leurs traits communs. *Le portrait craché de sa mère...* elle entend cette phrase depuis toujours et ne peut plus la supporter. Dans sa vie, Agathe souhaite tout sauf lui ressembler.

Comme sa fille, Aimée était fine et élancée, bien que légèrement plus grande, et avait de superbes cheveux mi-longs dont la couleur cuivrée attirait le regard et dont les larges boucles dansaient autour de sa tête gracieusement. Aimée parlait haut et riait fort, ce qui a gêné Agathe pendant des années. Mais surtout, elle était belle et le savait. Elle connaissait son pouvoir de séduction et s'en servait au quotidien auprès des hommes comme des femmes, distribuant ses sourires, ses regards enjôleurs, ses bons mots et ses petites attentions au moment opportun. Elle était généralement adorée de tout le monde. Avec un air de « grande dame », elle savait se mettre à la portée des autres et faisait cadeau à chacun de son attention, flattant l'orgueil en toute circonstance.

Agathe connaissait assez sa mère pour analyser les rouages de son fonctionnement : Aimée agissait ainsi pour gagner l'approbation, l'amour et l'admiration de tous, qu'il s'agisse d'anonymes comme de membres de la famille.

Mais son besoin de séduire ne s'arrêtait pas à ses manières. À l'adolescence, Agathe avait été choquée de découvrir que sa mère avait des aventures avec un grand nombre d'hommes. Le jeune peintre qui avait refait les murs du salon ; le fromager de la rue de Seine ; le serveur de L'Échelle de Jacob dans leur rue… La liste semblait sans fin et ces amants d'un soir venaient s'ajouter à des relations officielles, elles aussi nombreuses et changeantes.

Ce n'était un secret pour personne, Aimée Valmy de Bézieux avait une vie sentimentale agitée. Elle n'a jamais passé deux étés consécutifs avec le même compagnon. Elle changeait d'amant comme on renouvelle une garde-robe, souvent, avec un enthousiasme enfantin, que ni l'âge ni les années n'avaient terni. Chaque nouvelle rencontre était une raison de s'emballer et l'occasion de vivre une passion qui s'éteignait inévitablement au bout de quelques mois. La vie amoureuse d'Aimée était aux yeux d'Agathe une pièce de théâtre dans laquelle elle jouait avec brio le rôle de l'amante passionnée.

Pour le tenir, elle consacrait une partie de son temps à choisir ses tenues et les accorder à la situation et à l'homme du moment. Elle avait ce talent d'assortir les pièces entre elles et de sélectionner les accessoires adéquats. La taille démesurée de sa garde-robe en est la preuve. Cette dernière regorge de vêtements signés de grandes marques tout comme de chaînes de prêt-à-porter bon marché qu'elle s'amusait à marier entre eux et à porter ensemble.

— Tu te rends compte ma chérie ? 25 euros pour cette blouse et 2 400 euros pour ce manteau. Les deux sont pourtant magnifiques et me plaisent tout autant. Le prix des choses est parfois absurde !

Et en effet, la valeur des biens était pour Aimée une notion secondaire. Elle avait grandi dans une famille de la noblesse française, à l'écart des questions d'argent qui étaient toujours passées inaperçues à ses yeux. Héritière d'un vaste patrimoine immobilier et artistique, Aimée a vécu de la rente de ses biens sans se soucier des questions matérielles. Ses amants réguliers ou occasionnels la comblaient de cadeaux et l'emmenaient en vacances. Ses amis et ses relations l'invitaient au concert et à l'opéra qu'elle aimait tant. Et elle a ainsi ignoré les aspects financiers pendant de longues années.

Mais à peu près quinze ans avant sa mort, cette insouciance avait pris fin. Agathe avait alors découvert que sa mère vendait certains biens hérités pour subvenir à ses besoins. Ainsi avait-elle cédé la somptueuse Villa Valmy à Antibes contre un trois pièces, puis contre un studio. Agathe avait compris que ce n'était pas pour alléger une soi-disant charge mentale liée à l'entretien et la gestion des lieux mais bien pour absorber des dettes et refaire un matelas financier confortable. Malgré cela, Agathe a vu sa mère continuer à dépenser à tort et à travers, et étant donné l'absence de rentrées d'argent, cette dernière a commencé à se séparer de certains objets et même de quelques bijoux.

Aimée n'a jamais travaillé, ou peut-être quelque temps dans l'immobilier haut de gamme, quand elle était jeune et faisait visiter des propriétés dans le sud de la France. Cultivée, intelligente, dotée d'un bon sens relationnel, elle aurait certainement réussi brillamment dans de nombreux domaines si elle l'avait voulu mais elle n'avait jamais pu s'investir dans une activité sur le long terme.

Par opposition, Agathe a choisi de faire des études longues et d'exercer un métier difficile dans lequel elle aurait à faire ses preuves pour gagner sa place. Elle est aujourd'hui commissaire-priseur et exerce depuis près de dix ans chez Tajan, une prestigieuse maison de ventes aux enchères parisienne. Si elle est fière de sa réussite, c'est aussi une chose qui l'éloigne de sa mère.

La mort d'Aimée et l'état des biens dont Agathe va hériter vient bousculer sa situation actuelle. En effet, il y a quatre semaines, quand elle a découvert que sa mère avait vendu son appartement en viager deux ans plus tôt, elle a été frappée de stupeur. Cet acte signifiait que sa mère lui retirait ainsi la majeure partie de la succession qui devait lui échoir. Comment avait-elle pu faire un tel geste sans l'en informer ? Et surtout comment était-elle parvenue à cette extrémité ? À quel point ses besoins avaient-ils dépassé ses ressources ? Combien avait-elle dilapidé de la fortune familiale au fil des années ? Agathe se dit qu'elle ne le saura sans doute jamais, mais cela n'apaise en rien sa frustration.

Il est clair désormais qu'Aimée lui lègue un héritage bien amenuisé au regard de ce qui a existé, sans compter les frais de succession qu'elle va devoir régler et dont elle ignore encore le montant. Passé les premiers instants de sidération, Agathe a toujours du mal à accepter les choix de sa mère qu'elle juge égoïstes et irresponsables.

Cela change aussi ses perspectives de carrière. Depuis quelques années, elle nourrit le rêve de se lancer en indépendante et d'acquérir sa propre charge de commissaire-priseur. À l'instar des notaires ou des huissiers, les commissaires-priseurs judiciaires ont un statut d'officier ministériel et sont rattachés à la Chambre nationale des commissaires de justice, et donc, aux réglementations de l'État. Le nombre d'études en France est ainsi limité à un certain quota et les places disponibles ne courent pas les rues. Il faut attendre le départ en retraite d'un confrère sans successeur pour se positionner et se démarquer dans une concurrence souvent dure parmi les repreneurs.

Le prix de rachat est élevé et peut varier de 150 000 euros en province à 1 500 000 euros dans la capitale. Cumulés à la rareté des études disponibles, ces montants considérables rendent leur obtention difficile.

Sa mère lui a proposé à plusieurs reprises de lui prêter de l'argent pour l'aider à prendre une étude à son nom, mais Agathe a systématiquement refusé. L'idée d'être redevable la répugnait et elle voulait que le mérite lui revienne entièrement. Par esprit d'opposition, Agathe rejetait la facilité que sa mère a empruntée toute sa vie.

Mais pour réaliser son rêve par ses propres moyens, il aurait fallu qu'elle quitte Paris et acquiert une étude en province. Or elle n'est pas prête à sauter le pas ni à abandonner les ventes prestigieuses qui se tiennent dans la capitale.

Force est de constater que son orgueil l'a enfermée dans une situation sans issue. Ces trois dernières années, elle a enfoui ses aspirations sous une charge de travail colossale et voulu oublier ses désirs, tout en se disant que si sa mère lui léguait un jour un héritage elle pourrait peut-être revoir ses plans et se servir de cet argent pour réaliser son projet. Mais à présent, cette possibilité semble s'être envolée pour de bon. Pire encore, Agathe ne peut laisser éclater complètement sa colère contre sa mère, car elle est seule responsable de ne pas avoir accepté son aide quand il en était encore temps. La possibilité d'acquérir une étude à Paris semble s'être envolée avec Aimée.

Tout en marchant vers la bouche de métro, Agathe réfléchit : il lui reste quatre semaines pour vider l'appartement et remettre les clés au débirentier. La tâche est immense.

Elle écrase sa cigarette contre la semelle de sa chaussure et jette le mégot dans une poubelle. Elle s'apprête à plonger dans le métro de Paris avec appréhension en pensant à la chaleur qu'il l'y attend mais elle reprend courage en songeant que son trajet ne comporte que quelques stations. Elle sera bientôt chez elle dans son appartement situé dans le 9e arrondissement, rue Bourdaloue exactement, en face de l'église Notre-Dame de Lorette.

C'est dans ce quartier qu'elle a élu domicile à la fin de ses études, cherchant à quitter la rive gauche où elle avait grandi et mettre ainsi une distance symbolique entre elle et sa mère. Elle l'a aussi choisi pour sa position stratégique, à quelques encablures de l'Hôtel Drouot qu'elle aime tant et où elle a passé des après-midi entiers, oubliant le temps, plongée dans le déroulé des ventes, glissant d'une salle à l'autre, voguant de mondes en mondes au gré des œuvres exposées dans les pièces sans fenêtre de la célèbre maison de vente parisienne.

C'est ici qu'elle a assisté à sa première vente aux enchères et ici aussi qu'elle a décidé de devenir commissaire-priseur, le métier parfait avait-elle pensé puisqu'il lui permettrait de conjuguer sa passion pour l'histoire de l'art et son sens aigu de l'ordre et de la rigueur. En faisant ce choix à l'époque, elle n'avait pas mesuré combien taper du marteau pour vendre et adjuger faisait également écho à son besoin de garder le contrôle et de faire entendre sa voix à sa façon, elle qui avait tant de mal à exister aux côtés de la personnalité flamboyante de sa mère.

C'était enfin une façon de se réapproprier l'héritage familial, l'art ayant toujours été central dans la famille Valmy de Bézieux. Son grand-père, Hugues, était passionné au point de constituer une collection remarquable, pour partie dispersée aujourd'hui.

L'art incarne pour Agathe une forme de permanence, un ancrage solide. Son métier le lui rappelle chaque fois et l'enracine, elle aussi, dans le réel. Un besoin d'autant plus important qu'elle a été élevée par sa mère seule, sans connaître l'identité de son père.

Longtemps, elle n'a pas posé de question. Enfant, sa mère lui disait que ce dernier était parti pour un long voyage. Puis à l'adolescence, elle lui avait parlé de sa vie à la fin des années 1970, lui expliquant que les mœurs étaient différentes à cette époque-là. Sans qu'Aimée ne le dise vraiment, Agathe avait alors compris qu'elle était le fruit d'une aventure et avait accepté l'idée de ne pas connaître l'identité de son père, sans que cela ne lui pose de problème. Elle vivait ainsi depuis son plus jeune âge et ne voyait pas de raison que cela change. Cette absence était intégrée non comme un manque ou un handicap mais comme une réalité, et elle n'avait jamais émis le souhait de rechercher son père. Au fond d'elle, Agathe portait aussi l'inquiétude sourde de découvrir que cet homme est un tocard ou un minable et préférait rester dans l'inconnu plus que de prendre le risque d'avoir honte.

Mais celle-ci était arrivée néanmoins. Au fil des années en effet, l'agitation de la vie intime de sa mère avait pris un tour de plus en plus encombrant au sein de leur foyer et avait commencé à devenir gênante. Ses excès étaient d'abord restés tabous, avant de devenir une cause de discorde. C'était d'ailleurs l'objet de la violente dispute qui les tenait éloignées depuis trois ans.

À la fin d'un déjeuner au cours duquel Aimée avait évoqué le nom d'un nouvel amant, Agathe avait reproché à sa mère sa vie dissolue et l'avait, pour la première fois, vraiment confrontée sur l'identité de son père. Aimée s'était sentie agressée. Agathe avait eu des mots insultants dont elle ne s'est jamais excusée et qu'elle regrette aujourd'hui. Elle ne sait d'où lui est venue sa colère, ni pourquoi elle a explosé ainsi. Elle ne se souvient pas non plus comment la dispute a éclaté exactement, mais les mots résonnent encore en elle.

— Avec ta mentalité libertine, je ne suis pas surprise que tu ne sois jamais restée avec un homme ! Et même si tu avais voulu de l'un d'entre eux, il ne t'aurait pas supportée. Il aurait fini par fuir en apprenant à te connaître.

— Agathe, je t'interdis de me parler comme ça ! Tu dis n'importe quoi ! Retire immédiatement ce que tu viens de dire.

Aimée s'était levée de table en parlant.

Agathe se souvient encore de son visage vidé de son sang et de sa voix au timbre mécanique, mais elle avait poursuivi :

— Et mon père le premier ! Enfin si tant est que tu aies pu savoir qui il était, vu le nombre de types que tu te tapais déjà à l'époque ! Ça t'arrange bien que je n'ai jamais cherché à savoir qui il était ! Parce que si je l'avais voulu, je parie que tu aurais été incapable de le retrouver dans la liste des hommes que tu as connus.

Aimée avait alors contourné la table et s'était approchée de sa fille, la contraignant à se lever. Elle tenait ses poings serrés et avait éclaté :

— Mais je les ai aimés ces hommes. Sincèrement.

— Oui tu les as aimés, c'est sûr, mais seulement pour être aimée d'eux ! Pour toi ! Pas pour eux ! Tout est toujours fait pour TOI. C'est pire que de la prostitution.

À ce moment-là, la main d'Aimée avait fendu l'air pour venir claquer la joue d'Agathe, puis d'autres avaient suivi. Aimée criait désormais :

— Petite prétentieuse, tu crois tout savoir de la vie mais tu ne sais rien. Tu ne respectes rien.

Sur sa tête, des claques désordonnées s'étaient succédé, jusqu'à ce qu'Agathe parvienne à échapper à la fureur de sa mère. Elle avait alors saisi son sac et son manteau posés sur une chaise de l'entrée et s'était précipitée vers la porte, avait dévalé les marches du perron et traversé en courant la cour pavée, passé la porte cochère et gagné la rue Jacob.

Depuis cette dispute, elle n'est revenue qu'une dizaine de fois chez sa mère pour les anniversaires et les fêtes de fin d'année. Pas une fois elles n'ont reparlé de cet épisode.

En repensant à cette scène, il lui semble encore sentir la brûlure des gifles sur ses joues. Elle a honte de ses mots excessifs et regrette la posture glaciale dans laquelle elle s'est ensuite drapée. Elle s'en veut aussi de ne pas s'être excusée auprès de sa mère quand elle le pouvait, tout comme d'avoir évité ses tentatives de rapprochement et de discussion. Au lieu de quoi, elle a continué à vivre en faisant taire la souffrance et la tristesse que lui causait leur éloignement. Même sa meilleure amie Julie l'avait incitée à renouer, elle qui lui répétait souvent qu'éviter un problème équivaut à l'enfouir.

Agathe longe maintenant le trottoir de la rue Drouot. Elle songe en marchant à ce qui l'attend pendant ce long week-end du 14 Juillet. Elle se rendra rue Jacob demain matin pour mettre de l'ordre dans les meubles et les objets. Elle pense aussi aux bijoux de sa mère et formule le vœu de trouver la combinaison du coffre qui les abrite. Ainsi elle pourrait éviter de faire venir un serrurier, ce qui risque encore de lui coûter et de la ralentir.

2.

Om Trayambakam Yajamahe
Sugandhim Pusti Vardhanam
Urvarukamiva Bandhanat
Mrtyor Muksiya Mamrtat

Le mantra emplit l'appartement de la rue Jacob de sons puissants. La voix du chanteur s'élève, vibrante et chaude, tenant les voyelles dans la durée, faisant claquer les consonnes et magnifiant les notes. Agathe est prise d'un frisson. La beauté du chant la saisit des pieds à la tête.

En arrivant ce matin chez Aimée, tandis qu'elle commençait à trier les papiers du secrétaire, elle a ressenti le besoin de meubler le silence du lieu et a mis en marche le vieux lecteur de CD sans regarder le disque qui se trouvait à l'intérieur. Les premiers instants de surprise passés, elle s'est emparée de la pochette et l'a retournée pour lire, *Chant de guérison* du Dalaï-Lama.

« J'ignorais que maman s'intéressait au bouddhisme, a-t-elle pensé. Une nouvelle lubie, sûrement. »

Le chant continue de résonner entre les murs. C'est le dernier disque qu'Aimée a écouté, songe Agathe tout en s'approchant des grandes portes-fenêtres. Cette pensée la bouleverse un peu plus, tout comme la vision du jardin privé où, petite fille, elle jouait.

Cet endroit, d'ordinaire entretenu avec soin, paraît déjà à l'abandon. Agathe est frappée par le contraste entre les souvenirs qu'elle en a et l'état du jardin. L'allée de gravier qui part de la terrasse est gagnée par les mauvaises herbes ; les fleurs du chèvrefeuille et du jasmin qui courent sur les murs ont fané et laissent peu de place aux jeunes boutons pour éclore à leur tour ; les hortensias semblent manquer d'eau. L'arrosage automatique ne doit plus fonctionner, s'inquiète Agathe. Avec cette chaleur caniculaire, les plantes souffrent encore plus.

En revanche, les épais murs de pierre protègent l'immeuble et gardent les pièces au frais. Elles sont plongées dans la pénombre mais Agathe n'a pas envie d'allumer la lumière. Le manque de clarté est le défaut qu'elle a toujours trouvé à cet appartement qui occupe tout le rez-de-chaussée d'un hôtel particulier du XVIIIe siècle. C'est d'ailleurs par opposition à ce lieu qu'elle a choisi un dernier étage mansardé et lumineux quand elle est partie s'installer dans le 9e arrondissement.

Agathe se dirige vers la cuisine pour préparer un thé. Elle a pour habitude de prendre des boissons chaudes pendant les grosses chaleurs. Tandis que le ronflement de la bouilloire augmente, elle observe la série de boîtes de thé alignées sur l'étagère. Elle ouvre celle étiquetée « Marco Polo », le mélange préféré de sa mère, qui libère une odeur à la fois fruitée et florale. Combien de fois l'a-t-elle sentie le matin au petit déjeuner ? Depuis la cuisine, le son du mantra résonne toujours. Agathe continue de l'écouter à distance pendant que le thé infuse. Elle songe aux trois jours qu'elle a devant elle pour avancer dans l'organisation des expertises et le tri de l'appartement.

Rapidement après le décès d'Aimée, Agathe a décidé qu'elle agirait seule. Enfant unique comme elle, Aimée n'a pas de famille proche. Les seuls cousins éloignés qu'Agathe lui connaisse vivent loin de Paris et elle ne se sent pas à l'aise de les solliciter. Quant à faire appel à des amis, elle n'en a pas envie, refusant l'idée d'être redevable à qui que ce soit, même à Jacques, l'ami de toujours d'Aimée. Mais la véritable raison qui l'habite est sa crainte qu'une autre personne qu'elle ne découvre les secrets de la vie non conformiste de sa mère. Elle s'aperçoit aussi qu'elle redoute d'apprendre des choses embarrassantes.

Pour commencer, elle décide d'ouvrir le coffre d'Aimée où doivent être conservés les bijoux qu'elle veut faire expertiser. Elle ne sait pas ce qu'il en reste, compte tenu de tous les objets dont Aimée s'est séparée.

Dans la chambre, l'élégant couvre-lit pourpre aux motifs indiens est parfaitement tiré sur le lit. Acheté sans doute cher à la boutique qui fait l'angle de la rue Bonaparte et de la rue Jacob, il évoque pour Agathe l'exotisme de l'Orient et lui rappelle le raffinement de sa mère dont le goût sûr s'exprime dans les moindres objets de la pièce, des gravures encadrées avec soin aux rideaux et couvre-lit assortis en passant par un tapis afghan et un buffet laqué de style chinois.

C'est dans ce dernier meuble que se trouve le coffre. Agathe ouvre les battants et identifie tout de suite la caisse noire qui n'a pas changé de place. La clé est encore posée dessus, là où Aimée a dû la laisser pour la dernière fois. Agathe a souvent pensé qu'il était absurde d'utiliser un coffre sans l'emmurer. Autant indiquer tout de suite aux cambrioleurs où se trouvent les objets de valeur à dérober.

En revoyant le coffre, elle se souvient des nombreux soirs où elle a observé sa mère en tirer ses bijoux tandis qu'elle s'habillait pour sortir. Cette fois néanmoins, pour l'ouvrir à son tour, elle va devoir trouver la juste combinaison des quatre boutons avant de tourner la clé dans la serrure en acier.

Elle cherche le code que sa mère aurait pu choisir et compose différentes combinaisons possibles de quatre chiffres :

1951, l'année de naissance de sa mère.

1980, la sienne.

06 82, les premiers chiffres du numéro de téléphone de sa mère.

Ou plutôt non 01 42, les premiers chiffres de son téléphone fixe.

Rien ne fonctionne.

Elle s'interrompt un instant, réfléchit et reprend des essais sur des combinaisons de chiffres autour de l'adresse du 10 C rue Jacob dans le 6e arrondissement.

Si elle considère que le c, troisième lettre de l'alphabet, serait traduit par 3, la combinaison pourrait être 10 36, le 6 valant pour l'arrondissement.

Échec à nouveau.

Agathe imagine le même principe avec les quatre premières lettres du prénom de sa mère : 1945. Échec encore.

Avec celles de son prénom : 1712. Cette fois, en donnant un tour de clé vers la droite, elle entend le mécanisme du cylindre produire un bruit différent et libérer la porte du coffre qui s'entrouvre d'un coup. Agathe pousse un cri de surprise. Sa mère avait encrypté les lettres de son prénom et utilisé cette combinaison comme code secret. Elle est heureuse d'avoir réussi autant que troublée de songer que sa mère lui avait gardé une place dans sa vie en dépit de leur dispute.

Mais elle n'a pas le temps d'y songer plus longuement et se précipite pour examiner l'intérieur sombre du coffre. Elle constate avec joie qu'il est rempli d'une dizaine d'écrins qu'elle sort et dispose sur le lit, les uns à côté des autres. Leurs tailles, leurs couleurs et leurs matières varient. Cuir brun et filet or, velours vert et marquage argent, satin bleu nuit et décor brodé…

Enfin, dans le fond, elle aperçoit quelques liasses de documents et un dernier écrin. C'est le plus grand et aussi le plus vieux de tous et son cuir élimé laisse voir aux coins la matière claire de la peau. Agathe se souvient de l'objet et c'est avec émotion qu'elle s'en saisit. Elle lève le fermoir argenté qui émet un claquement sec puis soulève le couvercle pour faire apparaître une somptueuse parure de perles qu'elle connaît depuis son enfance. Sur le satin gris clair, se trouvent deux boucles d'oreilles, une bague et un magnifique collier qui se porte en ras-du-cou et dont les quatre rangs successifs de perles sont retenus entre eux grâce à un clip détachable serti de diamants qui forme une fleur et se pose de façon asymétrique, sur le côté gauche du cou, juste au-dessus des salières. Agathe s'empare du collier, l'essaye et se regarde dans la glace. Combien de fois s'est-elle déguisée avec quand elle était petite fille ?

Elle inspecte ensuite de plus près le bijou. Les perles n'ont pas changé, elles sont sublimes. Elles lui ont toujours semblé gourmandes sans bien comprendre pourquoi. Enfant, elle aurait aimé les goûter si elles avaient pu se manger. L'ensemble formait la parure de fiançailles de sa grand-mère qui avait été réalisée à la fin des années 1940 par un joaillier parisien, Van Cleef & Arpels.

Une autre époque, pense Agathe, un temps où les unions étaient célébrées, voire scellées, par l'offrande d'un ensemble de bijoux, car le mariage était le moment clé d'une vie. La sienne lui semble soudain si loin de celle de sa grand-mère dont l'époux fut le seul homme à la demander en mariage et, par chance pour elle, fut aussi l'élu de son cœur.

En se regardant dans le miroir, ainsi vêtue de perles, Agathe a une pensée pour Morgan, son premier amour, un grand garçon blond aux yeux bleus, qui se donnait des airs rustiques et bourrus pour contrebalancer son physique de dieu grec. Il avait trois ans de plus qu'elle et l'avait séduite quand elle finissait son année de terminale alors que lui étudiait le journalisme. Leur idylle avait duré deux années, passées entre la rue Jacob et la chambre de bonne de Morgan perchée dans un immeuble de l'avenue de Ségur ; deux années à voyager entre Paris et la Trinité-sur-Mer où Morgan s'entraînait pour les régates de voile, sa véritable passion ; deux années où ils jonglaient, elle avec ses exposés d'histoire de l'art, lui avec les interviews radio ou papier, pour mener de front leur vie de jeunes étudiants et d'amoureux. À l'obtention de son diplôme, Morgan avait décrété qu'il quittait Paris pour rejoindre la rédaction du journal *Ouest-France* à Rennes, sans considérer la suite de leur relation. Meurtrie par cette décision qu'elle ne comprenait pas et souffrant de la distance, elle s'était peu à peu retranchée derrière un silence de plus en plus glacial.

Fatalement, leur histoire n'avait pas survécu à la distance et aujourd'hui encore Agathe demeure blessée de la perte de son premier amour. Par la suite, elle a tenté de nouer des liens amoureux, mais sans réussir à réouvrir son cœur tout à fait. Puis, les études et son activité professionnelle ont rempli sa vie.

L'idée d'enchaîner les histoires d'amour la rebutait, par peur de suivre l'exemple de sa mère. La perspective de lui ressembler la terrorisait, aussi a-t-elle décidé il y a des années de se consacrer à son métier et à sa passion pour l'art et d'oublier le reste.

Agathe enlève le collier et remet la parure de perles dans son écrin pour ouvrir ensuite une boîte plate et allongée à l'intérieur de laquelle sont disposés, sur un tissu noir, les animaux montés en broche qu'elle aimait tant quand elle était petite et qu'elle retrouve avec émotion. Sa mère n'avait plus porté ces clips depuis si longtemps ! Agathe devait avoir une dizaine d'années la dernière fois qu'elle les a vus sur elle. Des souvenirs heureux rejaillissent avec l'apparition de cette précieuse ménagerie.

Elle retrouve avec joie le canard portant une canne en or tressé pour aller pêcher, le chat en onyx noir qui cligne de l'œil d'un air malicieux, l'écureuil en corail croquant une noisette, le bélier au regard bleu saphir, la mésange en turquoise chantant le bec grand ouvert et bien sûr, son préféré, le lion ébouriffé avec sa crinière dorée en désordre, ses yeux vert émeraude et son air pataud. Il ressemble à un animal de dessin animé et le joaillier qui l'a dessiné a dû s'inspirer des cartoons américains des années 1950, se dit-elle en historienne de l'art, tout en faisant tourner le bijou entre ses doigts.

Elle se souvient des histoires joyeuses qu'elle imaginait avec sa mère lorsque celle-ci choisissait la broche qu'elle allait accrocher sur sa robe avant qu'elle ne sorte pour dîner ou aller à l'opéra.

Quelques-unes des fables de l'époque lui reviennent : le chat avait failli manger la mésange qui devait se cacher sous le col de la robe ; le canard était accroché sur le dos du bélier pour rejoindre plus vite la mare ; le lion, royal, régnait sur les autres.

Les bijoux animaliers ont aussi été réalisés par le même joaillier de la place Vendôme. Agathe a entendu parler de lui dès son enfance et a su très vite prononcer son nom compliqué. Son grand-père avait une préférence pour lui car la famille Arpels était proche de la sienne et c'est donc naturellement qu'il avait commandé la parure de fiançailles de sa future épouse au joaillier. Puis sa grand-mère avait embrassé à son tour cette inclination et commandé nombre de ses bijoux chez lui. Quant à sa mère, si elle avait fait quelques infidélités avec d'autres maisons célèbres, elle avait néanmoins perpétué cet attachement familial comme une forme de tradition maniaque et la presque totalité de ses bijoux étaient signés de la main du joaillier. Agathe se rappelle combien sa mère l'appréciait et aimait visiter sa boutique au détour d'une promenade.

En y songeant, elle ne peut s'empêcher d'évoquer d'autres de ses obsessions : les cachemires chez Untel, les rouges à lèvres chez un autre, les sacs chez un autre encore. Sa mère fonctionnait par exclusivité et ses passions conféraient parfois à l'obsession, comme en témoignent sa collection d'escarpins ou sa série de lunettes de soleil italiennes. Mais ni le prix, ni le luxe ne dictaient ses choix et sa manie pouvait se porter avec la même force sur des collants bon marché que sur des bijoux.

Poursuivant son exploration, Agathe ouvre un autre écrin qui renferme un long sautoir de la collection Alhambra. Le collier égrène une vingtaine de motifs en forme de trèfle à quatre feuilles en onyx noir, serti d'un contour d'or perlé. Elle revoit immédiatement sa mère jouer avec le bijou, tournant et retournant la chaîne et les motifs, le passant aux poignets, le portant en double tour. Une multitude d'images lui reviennent mais elle s'empêche de s'y arrêter et se force à poursuivre l'état des lieux du coffre.

L'écrin suivant accueille une bague en forme de marguerite. Se peut-il qu'elle ait survécu aux ventes d'Aimée ? Agathe s'en étonne d'autant plus qu'elle ne se souvient pas avoir vu sa mère la porter les dernières années.

La pierre de centre, d'une magnifique couleur rouge, est de la taille d'une énorme groseille. Elle est superbement enchâssée dans une monture en or jaune et entourée d'une collerette d'une dizaine de diamants qui lui donne la forme d'une fleur. Agathe s'en saisit et retrouve à l'intérieur de son anneau le poinçon du joaillier ainsi que l'inscription gravée qu'elle connaît, A & A – 1980.

Petite fille, elle pensait que sa mère y avait fait inscrire leurs initiales, Aimée et Agathe, ainsi que son année de naissance. Mais en la revoyant à présent, elle n'en est plus si sûre. À l'aune de ce qu'elle sait aujourd'hui de la vie sentimentale de sa mère, d'autres scenarii pourraient tout aussi bien expliquer ces deux lettres.

Il reste deux écrins à ouvrir. Dans le premier se trouve un large bracelet en bois sombre incrusté de diamants qu'elle ne se souvient pas avoir vu auparavant. En l'observant, Agathe est séduite par le bombé et le poli du bois ; elle trouve le bijou à la fois d'une grande simplicité et d'une vraie originalité. À nouveau, il est signé de la main du même joaillier.

Enfin, dans le dernier écrin en velours vert, un superbe collier apparaît. Il s'agit à nouveau d'un sautoir de la collection Alhambra déclinant le même motif à quatre feuilles mais formé d'une alternance de trèfles en lapis-lazuli et de motifs en or jaune pavé de diamants. Il s'agit indéniablement d'une pièce plus précieuse.

Elle cherche en vain un souvenir de sa mère portant le bijou, mais celui-ci ne lui évoque rien.

Elle passe le sautoir à son cou et se dirige vers la coiffeuse pour se regarder dans la glace. Elle s'assied et contemple son reflet dans le miroir ovale où elle peut voir le collier briller sur sa blouse noire. Elle le retire ensuite et s'amuse à le faire bouger entre ses mains. Elle joue avec les motifs et les passe en revue comme elle égrènerait les perles d'un chapelet.

En relevant les yeux, elle voit soudain, posés à sa droite, les deux parfums d'Aimée : Shalimar et Jean-Marie Farina, deux fragrances différentes, l'une orientale, envoûtante, sensuelle, la seconde, tendue, fraîche, presque acidulée. Chacune reflète une facette de la personnalité d'Aimée, pense-t-elle.

Tout en remettant le collier en place, elle constate que sa mère n'a conservé que les bijoux signés par Van Cleef & Arpels et s'est vraisemblablement séparée des autres pièces dont elle se souvient et qui provenaient d'autres joailliers de la place Vendôme – Cartier, Boucheron, Chaumet. Agathe s'étonne encore une fois des lubies d'Aimée avant de compter les bijoux à expertiser : la parure de perles, les deux sautoirs, les six broches, la bague et le bracelet, soit onze pièces. Elle replace ensuite chaque bijou dans son écrin, comme des poupées dans leurs couffins, et s'apprête à les ranger quand elle sent son téléphone vibrer à côté d'elle.

— Julie ! Mince, il est déjà 13 heures ! s'exclame-t-elle en prenant l'appel de sa meilleure amie. Je n'avais pas vu l'heure, pardon, je suis en retard. Je fais le tri dans les affaires de ma mère et je n'ai pas vu le temps passer. J'arrive. Je serai là dans dix minutes !

Tout en parlant, Agathe a réuni les écrins et les dépose dans le coffre qu'elle referme avec soin.

Deux minutes plus tard, elle ferme cette fois la grande porte de l'appartement et dévale les marches pour retrouver Julie.

Dehors, elle se lance à grands pas vers la Seine. Le déjeuner était prévu à 13 heures et elle n'aime pas faire attendre les gens bien qu'elle arrive presque toujours en retard à ses rendez-vous, une mauvaise habitude dont elle ne parvient pas à se débarrasser depuis l'adolescence.

Le bâtiment de La Monnaie de Paris trône au bout de la rue, majestueux. Quelques mètres encore et Agathe le dépasse pour couper le quai des Grands Augustins et entamer la traversée du pont Neuf. La statue d'Henri IV sur son cheval toise quelques touristes égarés qui se protègent du soleil à l'aide d'ombrelles de fortune. Derrière le monarque, la Seine déroule ses flots calmes et lisses comme un large ruban de la couleur d'un aimant.

Tandis qu'Agathe traverse la chaussée en dehors des clous, un scooter klaxonne et la fait sursauter. Elle maugrée en courant sur les pavés inégaux et brûlants pour rejoindre le trottoir opposé.

Quelques instants plus tard, elle arrive à l'entrée de la place Dauphine qui forme un passage à peine assez large pour la circulation d'une voiture et qui donne sur l'étonnante forme triangulaire de l'endroit, qu'André Breton appelait le « sexe de Paris ».

Agathe aperçoit Julie un peu plus loin, attablée en terrasse en train de consulter son téléphone. Son amie ne l'entend pas approcher, ce qui lui laisse quelques instants pour apprécier à nouveau sa grande beauté. Julie fait partie de ces créatures dotées d'une perfection désarmante d'évidence et de simplicité. Rien de surfait, aucun besoin de briller ni d'embellir le naturel. Elle est belle sans artifice ni effort et n'en retire aucun orgueil. Malgré cela, s'asseoir en terrasse avec elle ou l'accompagner à une soirée chez des amis assure à son voisin la certitude de n'être vu qu'après, dans un deuxième temps, une fois la surprise et la fascination passées. Agathe a l'habitude de cette situation puisque les deux jeunes femmes se connaissent depuis plus de vingt ans. Elle ne lui en tient pas rigueur et sait que son amie en est elle-même parfois embarrassée – preuve que la beauté peut être encombrante.

Toutes deux ne se sont pas quittées depuis le collège. Leur amitié est née en classe de cinquième lorsqu'elles avaient réalisé en commun un exposé sur les systèmes agricoles en Égypte. Agathe se souvient avoir dessiné une carte de la vallée du Nil représentant les différentes cultures qui poussaient le long du fleuve. Elles avaient dû obtenir une bonne note, toutes deux étant des élèves appliquées. Par la suite, elles ont continué à réviser ensemble, même quand elles n'étudiaient plus les mêmes matières. Agathe planchait sur ses cours de muséologie tandis que Julie était attelée à ses leçons d'anatomie ; quand Agathe rédigeait son mémoire sur la Pittura di Luce au Quattrocento, Julie jonglait avec les atomes, les génomes et les biomolécules. Leur amitié a ainsi traversé les années et survécu à leurs choix d'études, à leurs premières histoires d'amour, à leurs débuts professionnels et leurs lots de nouvelles rencontres.

Agathe tient à elle comme à leur lien. L'amitié qui les lie est solide et n'a jamais failli. Elles se vouent une fidélité et une disponibilité sans défaut. Agathe a conscience de la qualité de leur relation, respectueuse, bienveillante, aimante, sans jalousie ni contrainte.

Au fil des années, au gré des activités, vacances, études, stages ou emplois, Agathe a noué des relations amicales avec des personnes qu'elle apprécie mais elles sont restées à distance. De nature pudique et indépendante, Agathe n'a jamais réussi à partager son intimité avec les autres comme elle parvient à le faire avec Julie. Il y a dans leur amitié une confiance et une évidence uniques. Julie est un peu la sœur qu'elle n'a pas eue, pense-t-elle parfois.

— Te voilà ! s'écrie Julie quand Agathe tire une chaise en osier pour s'asseoir à la petite table avant de l'embrasser sur les deux joues.

— Je suis contente de te retrouver ! Tu es belle ! Comme toujours, s'exclame Agathe.

La terrasse est à l'ombre et les grands platanes de la place apportent un peu de fraîcheur dans la fournaise de la ville.

Rapidement, Agathe se confie à son amie.

— Ce n'est vraiment pas drôle de vider l'appartement de ma mère et de retrouver tous ces vieux trucs. Ça vient remuer les souvenirs… Ça me donne un peu le cafard. Mais j'ai une bonne nouvelle : ce matin j'ai réussi à ouvrir son coffre à bijoux ! Imagine-toi qu'Aimée n'a gardé que ceux de Van Cleef & Arpels ! Je vais demander une première estimation à ma collègue Victoire. Pour les meubles et les tableaux, un expert doit passer à la fin de la semaine.

Tout en l'écoutant, Julie cherche du regard le serveur, mais la terrasse est vide. La place Dauphine paraît déserte elle aussi, comme figée dans un instantané. Pas un souffle d'air pour faire bouger les feuilles, ou soulever le sable clair du terre-plein. Aucun son non plus. Les bruits des quais voisins, des voitures et des bateaux-mouches n'atteignent pas l'enclave de la place Dauphine. La pulsation de Paris semble s'être arrêtée, laissant les deux amies à leur conversation. Julie l'interroge plus avant sur son moral.

— Ça va mais c'est un sentiment étrange, poursuit Agathe. En essayant les colliers de ma mère ce matin, plein de souvenirs sont remontés à la surface. Je me suis rappelé des soirs où elle partait à l'opéra ou au théâtre. J'étais en pyjama et elle venait m'embrasser avant de partir. J'ai repensé à toutes les fois où je me déguisais avec ses affaires : je mettais son grand sautoir qui m'arrivait aux genoux, ses chaussures à talons avec lesquelles je marchais sans lever les jambes, à petits pas, comme une Japonaise dans un costume traditionnel ; je mettais son fard à paupières vert et son rouge à lèvres, puis, avec son sac à main doré à l'épaule, je me regardais dans le miroir et je racontais des histoires à des amies imaginaires. J'adorais ça !

Perdue dans ses pensées, Agathe poursuit, les yeux rivés sur les superbes façades de la place Dauphine.

— Je n'arrive toujours pas à réaliser qu'elle est morte. D'ailleurs, je n'ai pas vraiment pleuré.

Julie pose sa main sur la sienne et la rassure en lui racontant qu'elle n'a pas pleuré non plus quand sa grand-mère est partie.

— Ça prend du temps. Pour le moment tu es trop occupée par la charge logistique.

Elles sont interrompues par un serveur qui s'approche de leur table, fixant Julie, comme aimanté. Il la regarde intensément, sourire figé aux lèvres, pendant qu'elles passent commande, puis balbutie quelques mots qui ressemblent à des remerciements avant de reprendre les cartes et de buter contre une chaise en s'éloignant.

— Encore un que tu as subjugué ! lance Agathe en riant.

— Mais non, répond Julie, embarrassée.

— Au fait, comment ça va avec Léopold ?

— Je ne sais pas très bien. Je ne suis pas sûre de comprendre ce qu'il a en tête. Il était complètement emballé il y a quelques jours encore et depuis une semaine je sens qu'il prend de la distance... Il ne m'envoie plus autant de messages qu'avant et j'ai l'impression qu'il n'a plus envie de partir en vacances.

— Tu te fais sans doute des idées. Il a certainement énormément de travail avant le départ. Dix jours en Grèce ne peuvent que bien se passer. Et puis, aucune chance qu'il ne soit un poids lourd à tirer comme l'a été François !

Julie rit à l'évocation de son précédent petit ami qui, lors des vacances qu'elle avait passées avec lui en Andalousie, s'était révélé d'un tempérament mou et lent, ce qui l'avait exaspérée.

Le serveur revient avec une bouteille d'eau gazeuse fraîche et deux assiettes garnies. Julie le remercie et en profite pour changer de sujet. À force d'enchaîner les relations sans issue, elle a de plus en plus de mal à garder espoir et se sent souvent ridicule de raconter à son amie ce qui semble être la même histoire, dont les variations évoluent en fonction de l'homme concerné. Agathe elle-même finit par douter de la capacité de discernement de Julie lors des rencontres qu'elle fait et tente d'ailleurs de la raisonner lorsqu'elle la voit entamer une relation avec trop de passion. Sur ce point, elle est son opposé.

Tout en mangeant, les deux amies bavardent maintenant avec plaisir. La conversation va grand train sur le mariage d'une amie en commun, les tenues à acheter pour l'occasion puis sur les travaux de la salle de bains de Julie. Ces sujets légers sortent Agathe un instant du deuil et des préoccupations qui pèsent sur ses épaules.

À la fin du repas, Julie lui propose de sortir avec ses amis.

— Tu ne voudrais pas te joindre à nous pour le 14 Juillet ?

— Merci mais je ne suis vraiment pas d'humeur à faire la fête, répond Agathe. Et puis je n'aime pas les bains de foule, tu sais bien.

— Allez ! Fais un effort ! On va au bal des pompiers dans le 6e arrondissement avec Léo et des amis à lui. Et puis tu pourrais peut-être rencontrer quelqu'un…

— Ça ne risque pas. Tu connais mes positions. Pas de coup de cœur, pas d'histoire.

— Et qu'est-ce qui te dit que tu n'auras pas de coup de cœur ? Tu pourrais changer tes habitudes et essayer quelque chose de nouveau, comme sortir avec nous ? On dit souvent que les grands chocs comme la perte d'un parent bouleversent les équilibres et font bouger les lignes.

— La mort de ma mère ne change rien, tranche Agathe tout à coup dure parce qu'elle se sent incomprise. Tu sais bien qu'on ne se parlait presque plus depuis trois ans. Ce n'est pas un moment facile, dit-elle d'une voix soudain tremblante.

— Je sais, je sais… Je n'insiste pas, conclut Julie avant de proposer une promenade pour aller chercher une glace pour leur dessert.

Quelques instants plus tard, les deux amies marchent en plein soleil le long du quai des Orfèvres en direction de l'île Saint-Louis. Julie évoque les dernières anecdotes du service de stomatologie dans lequel elle travaille en tant que chirurgien. Agathe adore l'écouter détailler les histoires croustillantes qui pimentent sa vie professionnelle. Il ne se passe pas une semaine sans un fait marquant, que ce soit l'accident abracadabrant d'un patient, la vie sentimentale des infirmières ou les coups montés dans le dos du chef de service… Agathe se délecte de la vie en huis clos que lui rapporte Julie, un univers si différent de son propre milieu professionnel où le travail en équipe est moins courant. Au sein de l'hôpital en revanche, quand les chirurgiens, anesthésistes, infirmiers se retrouvent au bloc, toutes les querelles semblent s'effacer au service d'un même but : soigner. Agathe aime cette idée mais se demande comment elle réagirait si elle devait en faire de même.

Les voilà arrivées devant le glacier où elles se rendent depuis l'enfance. Il fait si chaud qu'elles s'inquiètent en riant que leur glace ne fonde en cinq minutes. Elles commandent leurs parfums favoris, toujours les mêmes depuis des années, citron et framboise pour Julie, café et cassis pour Agathe. Certaines choses ne changent pas.

3.

Trois jours plus tard, mardi 15 juillet à 9 heures, Agathe pénètre dans les bureaux déserts de la Maison Tajan, s'installe et allume son ordinateur. Au lendemain de ce week-end prolongé, ses collègues ne sont pas encore arrivés, certains ayant pris un congé, d'autres étant sans doute rentrés tard la veille au soir. Agathe, quant à elle, a passé le week-end dans l'appartement de sa mère. Après l'inventaire des bijoux et le déjeuner avec Julie, elle est retournée rue Jacob où elle a entamé le tri de la cuisine puis de la salle de bains. Le responsable de l'association de collecte avec qui elle est en contact lui a demandé le volume que pourraient représenter ses dons, de façon à programmer une équipe et un véhicule adaptés. Agathe a donc listé le contenu des placards en les vidant un à un.

Aimée n'était pas bonne cuisinière, hormis pour les gâteaux qu'elle réussissait à tous les coups et pour lesquels sa cuisine regorgeait de toutes sortes d'appareils avec lesquels elle réalisait des recettes savantes. Agathe a ainsi retrouvé des emporte-pièces, des découpoirs, un chalumeau, des moules à cannelés, un siphon à crème, des poches et leurs jeux de douilles qui avaient dû servir une dizaine de fois tout au plus avant de finir oubliés sur un rayonnage.

Les placards de la cuisine débordaient de produits périmés qu'elle a dû jeter. De même, l'armoire à pharmacie était elle aussi chargée de médicaments dont les dates étaient expirées. Dans la salle de bains, Agathe a vidé des étagères remplies de crèmes de beauté onéreuses à peine entamées et qui devaient avoir plusieurs années. À chaque fois, elle a ressenti un mélange d'irritation et d'attendrissement en pensant à la vie excessive et désorganisée que menait Aimée et à ses étranges fantaisies.

Sans se laisser un instant de répit, Agathe est arrivée tôt chez Tajan ce matin car elle doit achever le catalogue d'une vente de bijoux, la dernière à se tenir avant la pause estivale. Elle en assure l'organisation en binôme avec sa collègue Victoire, remplaçant ainsi la deuxième spécialiste de bijoux de la Maison Tajan, Juliette, arrêtée pour maladie depuis plus de trois semaines.

En tant que commissaire-priseur, Agathe a été formée pour mener des ventes d'œuvres et d'objets d'art. Son métier consiste à réaliser des inventaires, diriger des expertises, contacter des acheteurs potentiels, réunir les œuvres et les objets pour assurer leur exposition préalablement à la vente, produire les catalogues, orchestrer la communication et enfin, mettre en place la vente à proprement parler. Administrer la vente et « frapper le marteau » est de loin ce qu'elle préfère. Elle aime surtout sentir la salle sous tension, guetter les enchérisseurs, deviner ceux qui vont persévérer et prédire jusqu'où ils accepteront d'aller.

Chaque fois qu'elle ouvre une séance, elle éprouve une excitation intense et se délecte de la maîtriser parfaitement en dépit de la pression grandissante. Mais elle regrette de n'en diriger que quatre à cinq par an, la Maison Tajan étant de grande taille et comptant de nombreux commissaires œuvrant chacun selon sa spécialité.

Avec Sotheby's, Christie's, Artcurial, Millon, Piasa, Aguttes, Cornette de Saint Cyr, Osenat ou encore Pierre Bergé, Tajan compte parmi les grands noms de la profession. Installée dans le 8e arrondissement, la Maison se trouve non loin de Drouot, dans le quartier historique des ventes aux enchères où sont réunis, autour du célèbre Hôtel du même nom, un grand nombre de commissaires-priseurs indépendants. Généraliste, elle organise des ventes sur différents segments du marché de l'art et couvre des domaines aussi variés que l'art asiatique, les montres, les tableaux anciens, le *street art*, les dessins et gravures, le mobilier, les bandes dessinées, les manuscrits ou encore l'art contemporain. C'est dans ce dernier secteur que s'est spécialisée Agathe, ainsi que dans le design, pour lequel elle a un intérêt marqué.

Elle a néanmoins dû prendre en charge la vente de bijoux et accepter sans enthousiasme de remplacer sa collègue, n'ayant jamais su refuser une mission professionnelle de peur de perdre l'estime qu'on lui accorde et de se faire doubler par d'autres personnes plus accommodantes.

Mais la joaillerie, notamment ancienne, n'est pas son sujet de prédilection.

Entre autres tâches, Agathe doit à présent achever le catalogue des enchères qui se tiendront les 30 et 31 juillet à Monte-Carlo. Elle est habituée à travailler dans des délais serrés mais cette fois, le calendrier est très raccourci. Agathe a rarement vu un tel retard et en prenant le dossier en main, elle a été effarée de constater par exemple qu'il n'y avait même pas de projet de couverture. Face à la faiblesse des ressources iconographiques, elle a dû donner des consignes strictes au graphiste en charge du catalogue, en lui demandant d'unifier les fonds dans une couleur gris clair et de créer des ombres derrière les bijoux afin d'éviter qu'ils ne semblent flotter dans la page. Les ombres, même créées artificiellement en retouche, positionnent les bijoux dans l'espace et permettent d'en comprendre le volume. Pour finir, elle a commandé quelques prises de vues urgentes au photographe interne de Tajan pour remplacer les images de trop faible qualité.

Aujourd'hui, elle doit valider les légendes répertoriées dans un fichier qu'elle parcourt en parallèle de la maquette envoyée par le graphiste.

Luc, son stagiaire, a déjà fait une première lecture vendredi et sera là tout à l'heure pour compléter le document avec les mentions que les experts et vendeurs continuent d'envoyer au compte-gouttes.

C'est un travail à flux tendu au cours duquel il faut renommer les fichiers pour ne pas créer de confusion avec les versions précédentes, vérifier les informations au fur et à mesure, et surveiller avec vigilance chaque étape. Par-dessus tout, Agathe doit ménager les susceptibilités des prestataires, conserver son calme et négocier avec l'imprimeur pour décaler la date de remise des fichiers.

Dernier maillon de la chaîne de travail, ce dernier pâtit du retard des autres en amont mais réalise chaque fois le miracle de livrer en temps et en heure des centaines de copies physiques. Un dur et beau métier, pense Agathe en commençant à écrire à celui auquel elle va annoncer le nouveau planning.

Forte de dix années d'expérience, Agathe orchestre la réalisation des catalogues avec aisance. Elle connaît les tensions qu'implique l'exercice, mesure le moment où les retards deviennent dangereux et sait temporiser les réactions affolées des stagiaires.

En ce qui concerne le catalogue des bijoux de Monte-Carlo, elle estime qu'elle est encore dans les temps mais qu'il n'y a pas de marge de décalage possible. « Il va falloir que ça marche », a-t-elle dit à Victoire la semaine passée en reprenant le dossier.

Après avoir envoyé son email, elle parcourt le fichier du catalogue et songe aux bijoux de sa mère qu'elle a vus samedi dernier. Ils sont bien plus beaux que la plupart de ceux de cette vente, estime-t-elle, avant de concéder qu'un bijou en photo n'est jamais aussi beau qu'en vrai. L'instantané ne pourra jamais rendre hommage à la brillance des ors, des diamants, des saphirs, rubis et autres pierres et perles. Les photos sont généralement plus flatteuses pour les œuvres d'art qu'elles ne le sont pour les bijoux, et c'est l'une des choses qu'elle apprécie quand elle travaille sur les catalogues d'art contemporain.

La vente doit se tenir au casino de Monte-Carlo, un grand bâtiment dessiné par Charles Garnier dans un pur style Belle Époque, et ce lieu lui fait aussi penser à sa mère car elle s'y est rendue à plusieurs reprises avec Aimée. Cette habitude a duré quelques années, quatre ans, peut-être cinq, puis s'est arrêtée alors qu'Agathe était encore enfant. Aimée avait dû se lasser, songe Agathe avec du recul. Elle garde quant à elle un souvenir mitigé de leurs séjours là-bas, l'émerveillement qu'elle ressentait devant les vitrines luxueuses, les lustres étincelants et le faste étaient teintés d'une mélancolie qu'elle ne savait pas comprendre à l'époque. Elle a tenté de l'expliquer plus tard en se disant que cette enclave de luxe et d'apparat devait lui sembler artificielle avant de concéder qu'elle n'y est jamais retournée et changerait peut-être d'avis aujourd'hui.

Plongée dans la relecture des légendes du catalogue, elle n'entend pas Rémi, son collègue, surgir dans le bureau. À son habituel « Salut Agathe ! », elle répond poliment sans quitter son écran des yeux. Leurs échanges s'arrêtent là – ils ne sont pas très proches, bien qu'ils vivent dans une grande promiscuité. Pas une seule conversation de Rémi n'échappe à Agathe qui doit parfois mettre un casque et écouter de la musique pour couvrir sa voix grave. Tant pis si elle prend ainsi le risque de paraître antipathique. Elle est ici pour travailler, pas pour se faire des amis, et ne souhaite surtout pas mélanger la sphère professionnelle et personnelle, a-t-elle répété plusieurs fois à Julie pour justifier son manque de lien avec ses collègues.

Lorsqu'elle rêve au projet de prendre une charge de commissaire-priseur à son nom, elle s'imagine des bureaux plus vastes qu'elle pourrait aménager à sa guise.

Elle y repense en entendant Rémi s'installer mais chasse ses rêves et se concentre sur le travail présent.

Poursuivant la lecture du catalogue, son œil est soudain arrêté par un bracelet en bois incrusté de petits triangles en or dont la forme lui évoque le bracelet trouvé dans le coffre de sa mère. Elle s'en étonne et découvre qu'il est lui aussi signé Van Cleef & Arpels. Elle peut lire qu'il est estimé à 35 000 euros et date des années 1970. 35 000 ! pense-t-elle. Elle n'aurait pas dit tant.

Cette coïncidence n'aura pas échappé à sa collaboratrice Victoire à qui elle a demandé une première estimation des bijoux de sa mère. En tant que directrice du département des bijoux de Tajan, cette dernière est la personne tout indiquée pour l'aider. Agathe lui a écrit un email durant le week-end auquel elle lui a rapidement répondu qu'elle ne pourrait pas se prononcer sur la bague et le bracelet, ces pièces étant signées mais non numérotées. Toutes deux nécessitent une certification auprès du joaillier, ce qui peut prendre un certain temps, l'a prévenue Victoire en lui donnant les coordonnées de Madame Girard, la directrice du patrimoine de Van Cleef & Arpels, qu'elle connaît personnellement.

Agathe se prépare à l'appeler et profite que Rémi soit parti chercher un café pour prendre son téléphone et composer le numéro que lui a donné Victoire.

Quelques instants plus tard, Agathe entame la conversation avec la directrice du patrimoine et lui expose sa situation. Tout en listant les bijoux qu'elle a en sa possession, elle précise qu'il s'agit d'une succession et qu'elle aimerait pouvoir être fixée rapidement, pendant l'été si possible.

— Je vous propose un rendez-vous mardi prochain en fin de journée. Je ne pourrai pas vous recevoir dans les bureaux qui sont en plein réaménagement, mais nous pourrons nous retrouver à la boutique, au numéro 22 de la place Vendôme. Il faudrait que vous apportiez les bijoux.

Après avoir donné son accord sur les conditions financières de la certification et de l'estimation, Agathe raccroche, satisfaite de cet échange bref et efficace. Elle est soulagée d'avoir avancé et a hâte de rencontrer Madame Girard. Mais auparavant, elle doit finir le catalogue de la vente de Monte-Carlo.

4.

Huit jours se sont écoulés sans qu'Agathe n'ait vu le temps passer. Elle a consacré le week-end, cette fois aidée de Lolita, la femme de ménage d'Aimée, à faire le tri de la vaisselle pour isoler les pièces de porcelaine de Sèvres et l'argenterie à présenter aux experts. Toutes deux ont aussi empaqueté le linge de maison dans de grands sacs pour l'association qui viendra les chercher. Parmi les piles de nappes, de draps et de serviettes qui occupent deux placards entiers et qui semblent ne pas avoir été déplacées depuis des années, Agathe a retrouvé avec émotion un peignoir de bain brodé à son nom. Aimée le lui avait offert quand elle était adolescente et avait dû le commander spécialement pour elle. La pensée de ce cadeau et de cette marque d'attention de sa mère l'a soudain émue.

En vue de son rendez-vous avec la directrice du patrimoine de Van Cleef & Arpels, Agathe a réouvert le coffre à la fin du week-end. Tandis qu'elle prend les écrins, elle aperçoit les documents qu'elle avait vus l'autre jour sans prendre le temps de les analyser. Cette fois, elle s'en empare pour constater qu'il s'agit de trois paquets de lettres de différentes tailles, retenues entre elles par des rubans de satin. Nul doute qu'il s'agit de correspondances privées de sa mère.

Mais pourquoi les avoir conservées avec les bijoux ? se demande-t-elle alors.

Interdite, elle a reposé les lettres pour réfléchir. A-t-elle le droit de les ouvrir ? Elle hésite. Lire une correspondance personnelle de sa mère sans son autorisation est dérangeant. De son vivant, elle n'aurait pas osé le faire et les lire maintenant lui fait craindre de violer une intimité qu'elle devrait respecter. Elle redoute aussi d'y trouver des secrets qu'elle ne veut pas connaître.

Partagée entre le désir de découvrir le contenu des courriers et l'identité de leurs auteurs et le sentiment désagréable de s'introduire dans la vie privée de sa mère, Agathe a finalement tranché : les bijoux d'abord, a-t-elle décidé, en déposant les lettres avec soin dans l'un des tiroirs du buffet laqué. Une fois que le rendez-vous sera passé, elle pourra se pencher sur ces courriers.

Enfin, le mardi 22 juillet arrive et à la fin de la journée Agathe se rend chez le joaillier place Vendôme pour rencontrer la directrice du patrimoine. Dans le sas vitré qui donne accès à la boutique, elle entend un enregistrement de chants d'oiseaux, sans doute prévu pour détendre les clients qui seraient claustrophobes. Une fois libérée, elle fait quelques pas sur la moquette moelleuse couleur crème avant d'être accueillie par une hôtesse qui lui sourit depuis le comptoir garni d'orchidées blanches. Cette dernière lui propose de découvrir les vitrines pendant qu'elle se charge de prévenir de son arrivée.

Le décor de la boutique est splendide, plus fastueux encore que dans ses souvenirs. Elle ne sait pas exactement à quand remonte sa dernière visite ici. Elle accompagnait sa mère et devait avoir 12 ans tout au plus. Elle ne reconnaît pas bien les lieux qui ont sans doute été réaménagés.

Tout est en courbe et en rondeur et aucun angle n'arrête l'œil. Les murs sont recouverts à la feuille d'or et décorés de fleurs sculptées en bas-relief. Un immense lustre de style contemporain composé de centaines de boules de verre descend du plafond. Il surplombe plusieurs vitrines bombées sous lesquelles les bijoux étincellent, leurs pierres et leurs ors sublimés par les lumières environnantes. Agathe s'approche de l'une d'elles et y reconnaît le même collier de la collection Alhambra que ceux de sa mère, décliné cette fois dans une pierre de couleur rouge, de la cornaline peut-elle lire sur le cartel qui accompagne le buste de présentation. Occupée à découvrir les bijoux les uns après les autres, elle n'entend pas la jeune femme arriver près d'elle et sursaute quand elle l'entend lui dire :

— Madame Girard ne va plus tarder et s'excuse de ne pas être là pour vous accueillir. Laissez-moi vous accompagner auprès de la directrice de la boutique, qui va vous recevoir en l'attendant.

Agathe la suit et traverse la pièce principale avant de rejoindre un petit salon aux murs recouverts de boiseries claires sur lesquelles des fleurs et des papillons sont sculptés en relief dans un désordre charmant.

Une grande femme brune au regard pétillant s'approche vivement en lui adressant un sourire qui ne semble en rien forcé.

— Mademoiselle Valmy, enchantée. Je suis Sophia Duca. Bienvenue dans la Maison Van Cleef & Arpels.

Elle parle avec calme et assurance et semble sincèrement heureuse de l'accueillir. Toutes deux s'installent dans un canapé du petit salon, devant une table basse sur laquelle sont disposés plusieurs livres.

— J'ai appris que vous travailliez pour la Maison Tajan et j'ai pensé que vous pourriez être intéressée par les catalogues que nous réalisons ici. Certains sont consacrés à notre collection et à nos pièces patrimoniales, comme cet ouvrage-ci, dit-elle en s'emparant d'un épais livre blanc dont la couverture est illustrée d'une fleur rouge, une pivoine en Serti Mystérieux, précise-t-elle, une technique unique développée par la Maison dans les années 1930. D'autres catalogues sont dédiés à des collections thématiques contemporaines dont les sujets diffèrent chaque année, explique-t-elle ensuite, désignant une deuxième pile de livres dont les dos présentent des titres évocateurs : *Seven Seas, Pierres de caractère, Peau d'Âne*...

Intriguée, Agathe s'empare de ce dernier tout en l'interrogeant sur son contenu. La directrice l'éclaire immédiatement en lui expliquant le goût de la Maison pour la littérature et la mythologie et lui détaillant la collection, riche de plus de 80 pièces uniques toutes inspirées du célèbre conte de Charles Perrault.

Agathe parcourt le catalogue avec émerveillement. Elle s'apprête à questionner la directrice de la boutique sur la genèse des pièces, les personnes qui les dessinent, les artisans qui les mettent en forme et les réalisent, quand l'hôtesse d'accueil vient les interrompre.

— Madame Duca, je suis désolée de vous déranger. Monsieur Sing Dhoni est là et souhaiterait vous parler.

— Bien sûr, répond vivement la directrice en se levant. Je vous prie de m'excuser un instant.

Mais à peine est-elle debout que le visiteur est là dans l'encadrement de la porte, à l'entrée du petit salon où il s'arrête respectueusement.

— Bonjour Sophia, je vous prie de m'excuser, je passais près d'ici ce soir et j'ai pensé à vous. Je n'ai pas pris le temps de m'annoncer, pardonnez-moi. Il est tard et vous êtes occupée, dit-il en jetant un regard à Agathe.

Le visiteur est grand, le teint mat, et s'exprime avec un léger accent qu'Agathe ne parvient pas à identifier.

— Je vous en prie Ashok, je suis ravie de vous voir, répond Sophia Duca. Entrez et laissez-moi vous présenter, dit-elle vivement. Mademoiselle Valmy. Monsieur Sing Dhoni.

Agathe se lève à son tour et fait quelques pas en direction du visiteur.

— Enchanté Mademoiselle. Je suis désolée d'avoir interrompu votre entretien, dit le visiteur en lui tendant la main après avoir serré celle de la directrice.

Agathe est frappée par la chaleur et la force de sa poignée de main et se trouve brusquement intimidée. Elle formule quelques mots qui lui paraissent peiner à sortir de sa bouche :

— Enchantée également.

Le visiteur regarde alors la table basse où le catalogue qu'elle consultait quelques instants auparavant est resté ouvert.

— Quelle magnifique collection ! commente-il en s'emparant de l'ouvrage. Agathe observe ses mains brunes qui contrastent avec la blancheur du papier. Ses doigts sont longs, fins. De belles mains, pense-t-elle, tout en détaillant les deux bagues anciennes qu'il porte au majeur et à l'annulaire droits – un énorme cabochon émeraude et une chevalière en or. Elle le détaille à la dérobée, tandis qu'il tourne les pages : un front haut, un nez droit à peine busqué, des sourcils noirs et marqués, des yeux bruns et perçants, des lèvres fines, des dents mal rangées, un menton un peu avancé. Il n'est pas beau à proprement parler, pas de façon classique, mais ses traits sont distingués. Sa grande taille et sa peau sombre lui donnent aussi une prestance particulière. Il doit avoir une quarantaine d'années, estime-t-elle tout en appréciant les teintes orange et rose vifs du foulard de soie qu'il porte noué avec élégance.

L'arrivée du visiteur a plongé le salon dans une atmosphère différente. Le temps semble s'être ralenti, l'air paraît plus dense, les mots résonnent d'une façon presque théâtrale.

Malgré la courtoisie et le raffinement dont il fait preuve, Agathe se sent mal à l'aise, voudrait se rasseoir mais hésite.

— Je découvre cette collection, finit-elle par articuler. Quel travail incroyable !

— Tout à fait ! Incroyable, vous l'avez dit. Je suis chaque fois subjugué par la finesse d'exécution et le niveau de réalisation des pièces que je vois ici.

Agathe ne sait toujours pas qui il est et regrette que la directrice de la boutique ne les ait pas présentés de façon plus précise.

Il continue de tourner les pages avant de poursuivre en la regardant cette fois.

— J'ai découvert l'univers de la haute joaillerie récemment, il y a cinq ou six ans, explique-t-il, et je me suis complètement passionné pour le domaine. J'étais déjà un amoureux des pierres précieuses mais j'ai appris à apprécier l'excellence du travail des artisans. Il faut dire que dans les domaines de la sélection des pierres et de l'artisanat d'art, cette Maison est remarquable, sans doute une des meilleures de la place Vendôme.

Sophia Duca le remercie mais ne précise pas s'il est un client fidèle, un collectionneur ou un simple amateur.

Agathe écoute l'homme attentivement en espérant en apprendre plus sur son identité. S'il s'exprime dans un français parfait, elle ne parvient toujours pas à identifier l'origine de son accent. Il tourne à nouveau les pages du catalogue et les commente avec enthousiasme en s'adressant directement à Agathe restée silencieuse.

— Je suis fasciné par les pierres et leur histoire. Elles traversent les siècles et les époques. Dans chaque empire, dans chaque civilisation, elles ont constitué le trésor des royaumes. On parle d'ailleurs des « joyaux de la couronne ». Même leur unité de mesure, le fameux « carat » que l'on utilise toujours aujourd'hui, remonte à l'Antiquité ! C'est dire si l'on peut parler de pérennité !

— Oui, et le carat tient son étymologie et son histoire de la graine de caroubier qui était utilisée pour mesurer et peser car elle était connue pour être uniforme en poids, ajoute Agathe d'un ton sérieux.

— Tout à fait ! répond-il en la regardant l'œil vif. Mais saviez-vous qu'on a découvert récemment que la thèse selon laquelle cette graine possède un poids régulier est erronée ?

— Non je l'ignorais, répond-elle, troublée et un peu agacée de devoir l'avouer.

— Une étude de la Royal Society Fellowship de Londres est parue sur le sujet il y a quelques années, je pourrai vous la faire passer si ça vous intéresse, lance-t-il sur un ton qu'Agathe hésite à juger arrogant. Elle se demande si cet homme est prétentieux ou simplement passionné et se trouve soudain déplorable en se sentant telle une bonne élève qui vient de se faire corriger.

Sur la page du catalogue où sa main est restée posée se trouve le dessin d'un large collier orné de grosses pendeloques en émeraude.

Agathe cherche quelque chose à dire pour ne pas laisser paraître sa gêne.

— La qualité d'exécution de ce dessin est remarquable, dit-elle.

— Dans le jargon de la joaillerie, il s'agit d'un « gouaché », précise-t-il à la façon d'un professeur, ce qui continue d'agacer Agathe. Je dois dire que je suis aussi très admiratif du travail des dessinateurs du studio de création, comme de celui des artisans qui réalisent les bijoux même si je ne les ai pas encore rencontrés, dit-il en adressant un clin d'œil à la directrice. Mais Sophia m'a promis une visite de l'atelier ! Nul doute que cela vous intéresserait, n'est-ce pas, demande-t-il à Agathe.

— Oui sans doute, opine cette dernière, prise de court par l'aplomb avec lequel est formulée cette interpellation.

Cet homme affiche un mélange de douceur et d'assurance qui la déconcerte. Elle se sent de plus en plus déstabilisée par le tour que prend la conversation, elle qui n'a pas l'habitude d'échanger de façon informelle avec des inconnus. En tâchant de retrouver son assurance, elle ajoute :

— Je serais d'autant plus intéressée que ma famille, enfin plus précisément ma grand-mère et ma mère, sont des fidèles de la Maison et ont porté de nombreuses pièces signées Van Cleef & Arpels.

La directrice s'apprête à rebondir, cherchant visiblement à s'exprimer, mais l'homme ne lui en laisse pas le temps.

— Elles avaient raison et surtout très bon goût. Mais vous ne les portez pas vous-même ! Vous ne les appréciez pas ? s'inquiète-t-il.

Agathe rougit tout à coup en réalisant que pour faire une telle remarque son interlocuteur a dû observer avec attention ses mains, ses oreilles et son cou.

— Ce sont pour la plupart des pièces assez chargées. Je préfère les lignes simples et épurées. Je suis une inconditionnelle du Bauhaus et des années 1920, explique-t-elle.

— Alors vous aimeriez beaucoup le bracelet pour lequel je viens de passer commande.

Enfin ! pense Agathe. Il est donc client du joaillier !

— Regardez, dit-il en tirant son téléphone de sa poche afin de lui montrer un dessin qui s'affiche sur l'écran.

Près de lui désormais, elle peut sentir son parfum, un élégant mélange de musc et de bois.

Sur l'image, le dessin du bracelet est effectivement graphique et moderne et c'est sans se forcer qu'Agathe le commente :

— Il est beau, oui !

— Ravi qu'il vous plaise, rétorque-t-il tout à coup laconique en remettant le téléphone dans sa veste.

Heurtée par ce brusque changement de ton, Agathe veut changer de conversation et s'apprête à revenir au catalogue toujours posé devant eux quand une femme aux joues empourprées fait soudain irruption dans le petit salon et s'exclame, le souffle court :

— Mademoiselle Valmy, je suis confuse, dit-elle, je vous prie d'excuser mon retard. Elle avance vers Agathe et s'interrompt brusquement en apercevant l'homme à ses côtés.

— Monsieur Sing Dhoni, quelle surprise ! s'étonne-t-elle. Je vous croyais à Genève.

Tous deux se saluent et échangent quelques mots brefs au sujet d'une exposition en Suisse où ils se sont croisés.

— Je suis navrée, reprend-elle en s'adressant cette fois à Agathe. Je faisais un achat par téléphone avec Christie's à New York et la vente s'est prolongée. Enfin, vous qui travaillez chez Tajan, vous savez ce que c'est. Mais ne perdons pas de temps, suivez-moi si vous voulez bien. Monsieur Sing Dhoni, je vous dis à très bientôt j'espère.

Avec soulagement, Agathe prend congé à son tour en saluant l'homme d'un geste discret avant de suivre Madame Girard.

Toutes deux traversent la boutique avant d'emprunter une porte dérobée, découpée dans l'une des boiseries décorées à la feuille d'or. Un petit escalier les conduit alors à l'étage, plus exactement à l'entresol, situé au-dessus de la boutique. Là, Madame Girard installe Agathe à un bureau près d'une fenêtre avant d'aller chercher des verres d'eau.

Restée seule, Agathe sort les écrins de son sac et les pose un à un sur le bureau. Elle se tourne ensuite vers la fenêtre qui offre un point de vue sans pareil sur la place Vendôme. De là, elle peut admirer son architecture scrupuleusement symétrique et son ordonnancement parfait. Ici, tout est ordre et mesure et aucune façade ne vient contredire l'harmonie pensée par l'architecte Jules Hardouin-Mansart en 1699.

Interrompant sa contemplation, Madame Girard revient avec un plateau chargé de verres et d'eau gazeuse ; elle s'excuse à nouveau pour son retard et déplore de n'avoir pu commencer ses recherches sur les bijoux.

— La période est anormalement chargée et mon assistante est partie en congé maternité de façon prématurée… ajoute-t-elle.

Agathe dissimule sa contrariété. De nature sensible, elle craint toujours de ne pas maîtriser ses émotions et fournit beaucoup d'efforts pour les dissimuler. Elle s'efforce encore une fois d'afficher un air neutre et laisse Madame Girard poursuivre.

— Mais vous êtes parmi mes priorités, lui assure cette dernière. Je vous propose de me confier le bracelet et la bague de votre mère pour établir la certification comme nous l'avons évoqué par téléphone. Une fois que nous aurons avancé dans ces démarches et retrouvé l'année de création et la valeur du bijou à l'époque, nous pourrons définir un prix estimatif sur lequel se baserait une maison de vente si vous décidiez de le mettre aux enchères. Par ailleurs, si la Maison était intéressée par l'acquisition de l'une ou l'autre des pièces, je vous partagerais aussi le montant qu'elle serait prête à offrir. Je peux vous proposer la même chose pour les autres bijoux signés.

Madame Girard explique que depuis plusieurs années, et comme plusieurs de ses compétiteurs installés place Vendôme, la Maison mène une politique d'acquisition de pièces anciennes. Ces dernières sont ensuite soit remises en vente auprès d'une clientèle férue d'histoire et de pièces *vintage*, soit conservées dans la collection privée du joaillier qui est régulièrement présentée lors d'expositions patrimoniales à destination du grand public. Celles-ci ont vocation à développer la notoriété du joaillier à travers le monde.

En historienne de l'art, Agathe apprécie cette démarche qui permet de prolonger la vie des pièces anciennes et exprime à Madame Girard son intérêt et son enthousiasme. Celle-ci paraît heureuse de trouver en elle une interlocutrice avec qui échanger sur son métier.

Sortant alors du cadre de leur entrevue, elle lui expose en détail les deux prochaines expositions sur lesquelles elle travaille, l'une au musée des Arts décoratifs de Paris, l'autre au ArtScience Museum de Singapour.

— Quant à la collection, elle est riche de plus de 1 000 pièces et nous continuons à en acquérir de nouvelles chaque année. C'est pour cette raison que je consacre du temps aux bijoux de particuliers. Je suis aussi à l'affût des ventes aux enchères, des moins connues aux plus célèbres, et je guette les pièces qui ont marqué l'histoire de la Maison. Je suis sur le terrain en permanence, s'exclame-t-elle. S'il y a une vente à New York, je peux rester éveillée en pleine nuit pour enchérir par téléphone. C'est d'ailleurs ce qui s'est passé pour une enchère de Sotheby's où nous avions pour projet de racheter un collier en diamants que la Maison a réalisé pour la reine Nazli d'Égypte en 1975. Il s'agit d'une pièce qui compte plus de 200 carats de diamants ! Quelle aventure ! J'ai bien cru que j'allais devoir cesser d'enchérir tant les prix grimpaient, mais par chance, j'ai eu le dernier mot. La vente s'est conclue à plus d'1 heure du matin et je peux vous assurer qu'après ce genre d'épisode, il est difficile de trouver le sommeil ! conclut la directrice en riant.

Agathe sourit en l'écoutant et prend la mesure de la passion qui habite cette femme. Son engagement entier et sans réserve la touche et rejoint celui qu'elle a pour son propre métier. Elle aussi ne doit avoir que son travail dans la vie. Et si son activité professionnelle s'arrêtait, que deviendrait-elle ? se demande Agathe. Et à quoi occupe-t-elle ses soirées, ses week-ends, ses vacances quand elle n'est pas en train de travailler ?

En formulant ces questions, Agathe réalise qu'elle parle moins de la femme assise en face d'elle que d'elle-même. Et ce constat lui pince soudain le cœur.

Ses pensées sont interrompues par Madame Girard qui lui fait part de ses impressions après une première inspection des bijoux d'Aimée.

— Il est très probable que la Maison soit intéressée par la parure de fiançailles et l'un des sautoirs Alhambra. Pour les broches animalières, il est possible qu'il en soit de même, tout comme pour le bracelet. En revanche, pour la bague, tout dépendra de l'estimation à l'issue de la certification. Il s'agit sans doute d'une pièce d'une grande valeur étant donné le caratage important de son rubis.

En entendant le mot « rubis », Agathe comprend soudain que le prix de la bague en forme de marguerite pourrait être plus important que ce qu'elle n'envisageait. Elle n'est pas sans connaître le montant prodigieux des rubis et ce nom prononcé par la directrice la déstabilise pour de bon.

Avant que le rendez-vous ne s'achève, Agathe demande à son interlocutrice si elle pourrait, en parallèle de la certification et de l'estimation, lui fournir le nom des acheteurs des bijoux. Elle lui dit bien comprendre que ces informations sont habituellement confidentielles, mais, considérant qu'elle est la propriétaire des pièces, elle serait très reconnaissante de pouvoir en connaître la provenance et l'histoire. Elle s'apprête à rappeler que sa mère vient de décéder et qu'elle n'aura pas beaucoup d'autres moyens de l'apprendre mais Madame Girard accepte sans se faire prier. Elle s'excuse néanmoins de ne pouvoir s'engager sur une date de retour pour la certification des bijoux et promet de faire de son mieux et au plus vite.

La perspective d'en savoir plus sur l'histoire de certains bijoux compense sa déception quant aux délais et Agathe la remercie de lui avoir accordé ce temps.

— C'est moi qui vous remercie. Ce sont de très belles pièces et vous pouvez nous les confier sans crainte. Mais laissez-moi vous raccompagner. Nous allons passer par l'arrière de la boutique car elle va fermer sous peu.

Un étroit couloir les conduit jusqu'à une porte dotée d'un double vitrage épais devant laquelle Madame Girard s'arrête et sonne. Elle se tourne vers Agathe et lui dit alors :

— C'est amusant que vous connaissiez Ashok Sing Dhoni.

— Mais pas du tout, c'est la première fois que je le rencontrais.

— Alors, vous avez de la chance ! C'est un homme charmant, s'enthousiasme la directrice du patrimoine. J'ai eu l'occasion d'échanger plusieurs fois avec lui. Il est extrêmement cultivé et s'intéresse à une foule de choses.

— Il est client depuis longtemps ? s'enquiert Agathe.

— Je dirais cinq ans. Chaque année, il passe commande pour un bijou. C'est un passionné.

— Sa femme a bien de la chance, dit Agathe en plaisantant.

— À ma connaissance, il n'est pas marié, conteste Madame Girard.

— Ah bon, répond Agathe, plus sèchement qu'elle ne l'aurait voulu, gênée d'avoir posé la question.

Madame Girard ouvre la porte dont le système de sécurité vient de se libérer et toutes deux pénètrent dans le sas. Après l'ouverture de la deuxième porte, les voilà sur le palier. Une moquette rouge recouvre l'escalier dont la volée de marches descend vers un hall dallé de pierres blanches.

Au bas des escaliers, elle serre la main d'Agathe et lui dit à bientôt en lui indiquant comment retrouver la place Vendôme.

— Par ici, explique-t-elle en pointant un couloir, vous arriverez directement sur la place. Il y a toutes sortes de raccourcis et de passages qui traversent les halls et les cours d'immeubles ici. Et ce ne sont pas les seuls secrets de cet endroit, conclut-elle avec un sourire qui en dit long.

5.

En attendant les informations sur les bijoux, Agathe poursuit le tri des affaires de sa mère et organise les rendez-vous avec les experts en vue de la vente possible des objets d'Aimée. Elle n'espère pas de grandes sommes mais n'arrive pas à se résoudre à laisser partir certaines pièces sans essayer de les vendre. Quand elle se sent découragée devant la tâche, elle repense à sa discussion avec son ami Ludovic à l'issue de laquelle elle s'est laissé convaincre que louer un garde-meuble ne ferait que repousser le problème, étant donné qu'elle n'a pas assez d'espace chez elle pour entreposer quoi que ce soit. Tenter de vendre est la meilleure solution, se raisonne-t-elle quand elle se sent flancher.

Le samedi qui suit le rendez-vous place Vendôme, elle se lance cette fois dans le tri de la bibliothèque de sa mère, sélectionnant les ouvrages qui ont de la valeur pour leur rareté, ceux qu'elle désire conserver et ceux qu'elle pourrait offrir à des amis ou donner à des associations.

Elle pensait venir à bout des étagères en une journée mais à 17 heures elle n'a trié que la moitié des rayonnages. Passé les romans, les essais, les recueils de yoga, les guides de voyage, elle a été déroutée en découvrant une deuxième rangée de livres qui l'attendaient, en arrière-plan pour ainsi dire, cachés dans la profondeur de la bibliothèque. Elle n'avait pas supposé que les étagères puissent être ainsi remplies.

Agathe découvre des livres que sa mère a lus des années auparavant : des recueils de poésie, des ouvrages de philosophie, des grands classiques de la littérature, tous posés là pêle-mêle dans le désordre. Beaumarchais côtoie Supervielle, Hemingway fait de l'œil à Ronsard, Bourdieu tutoie Le Clézio. On dit souvent que les bibliothèques ressemblent à leurs propriétaires et traduisent leur intimité, un peu comme une collection reflète la personnalité de son auteur. Dans le cas d'Aimée, sa fille redécouvre l'étendue de sa culture, mais aussi sa passion pour l'art et son intérêt pour la littérature. Elle réalise que leur éloignement au cours des dernières années tout comme le jugement qu'elle a porté sur sa vie sentimentale ont fait passer au second plan son intelligence et son éducation. Elle ne voyait plus que sa frivolité. Face à sa bibliothèque, elle admet aujourd'hui que ses critiques et sa colère lui ont fait manquer de recul et de mesure.

Au bas du meuble, des linéaires de catalogues d'exposition, de livres d'art, de monographies d'artistes attendent encore d'être triés. Agathe se saisit du catalogue de l'exposition Kandinsky au Centre Pompidou qu'elle aimait regarder lorsqu'elle était enfant. Sa couverture vert pomme rappelle certaines couleurs du tableau abstrait qui y figurent. En le feuilletant, il lui semble que des bribes de visite lui reviennent : les traits vifs sur les toiles immenses, les salles blanches du musée, le bruit de leurs pas dans les vastes espaces silencieux.

Le catalogue est daté de 1983. Est-il possible qu'elle se souvienne d'une exposition vue à l'âge de 3 ans ? Cette hypothèse lui paraît peu probable, mais elle est forcée d'admettre qu'elle conserve des traces des moments passés à contempler les tableaux de Kandinsky et que l'œuvre de ce peintre lui a toujours procuré une impression de paix et de sérénité.

Elle repose le catalogue pour ouvrir celui de l'exposition de César, *Les Championnes,* à la Fondation Cartier. Cette fois, elle revoit avec précision leur visite avec sa mère à Jouy-en-Josas. Elle avait 6 ans et se rappelle des voitures compressées à plat, réduites à quelques centimètres d'épaisseur et aussi d'une phrase qu'avait prononcée Aimée quand elles se promenaient dans le parc de la Fondation. « Certaines personnes peuvent dépenser des fortunes pour une voiture, mais au final il ne s'agit que d'un tas de ferraille. »

C'était certainement une façon pour Aimée de lui faire comprendre que les œuvres d'art peuvent comporter plusieurs messages et se lire de différentes manières.

D'autres souvenirs lui reviennent au fur et à mesure et elle réalise que chaque catalogue, chaque livre est susceptible de réveiller une scène ou une sensation qu'elle a vécue dans son enfance. Elle n'avait pas imaginé que les images et les émotions d'autrefois pourraient ainsi déferler au sein de la bibliothèque d'Aimée.

Ce constat la déstabilise et fait rejaillir une facette de sa mère qu'elle avait mise de côté : la passion pour l'art.

Elle songe que depuis son plus jeune âge, elle l'a toujours accompagnée visiter des musées et des galeries et qu'elle s'est ainsi initiée à l'art. À présent, elle est forcée d'admettre que ce point commun les lie à jamais l'une à l'autre, malgré tout, et à cette pensée, sa gorge se noue.

Plus émue qu'elle ne voudrait, Agathe décide de faire une pause et de se réfugier dans la chambre d'Aimée où sont entreposés de part et d'autre du lit des sacs emplis de nuisettes en soie et de déshabillés en dentelle qui attendent d'être donnés aux associations. La porte du dressing attenant est restée ouverte et laisse voir une centaine de vêtements qu'elle doit encore trier. Elle songe alors à la cave, la dernière pièce qu'elle n'ait pas encore visitée, qui doit être elle aussi remplie de vêtements qu'Aimée rangeait soigneusement dans des housses. Ce n'est pas la première fois qu'elle se sent submergée par le découragement. Trier cet appartement équivaut à gravir un haut sommet sans entraînement. Agathe est épuisée. Depuis des semaines, elle n'a pas un instant pour souffler. Elle réalise que la mort de sa mère et ses conséquences sont une épreuve plus importante qu'elle n'avait pu l'envisager il y a un mois et demi déjà, quand elle a reçu l'appel lui annonçant le décès d'Aimée.

Elle s'assoit sur le lit, face au buffet laqué, et s'interroge à nouveau sur les lettres qu'elle y a entreposées dimanche soir. À plusieurs reprises dans la semaine, elle y a pensé avec un mélange de curiosité et d'appréhension. Si elle a envie d'en connaître le contenu, elle ne se cache plus sa peur d'en découvrir la nature. Et depuis son arrivée dans l'appartement, elle a repoussé la décision de les lire, esquivant son ambivalence en triant les livres d'Aimée, mais la voilà maintenant au pied du mur. Finalement, elle se décide et les sort du tiroir.

Avec inquiétude, elle se saisit de la première liasse dont une photo s'échappe aussitôt, glissant sur le couvre-lit. Il s'agit d'un Polaroïd aux couleurs passées.

De près, elle reconnaît sa mère, jeune, les cheveux plus longs qu'elle ne les a jamais eus par la suite. Elle porte une blouse imprimée aux motifs indiens de couleur verte et se tient serrée contre un homme plus grand qu'elle, les cheveux bruns, qui pose son bras sur son épaule, tandis qu'Aimée lui tient l'autre bras avec tendresse. Elle le regarde en souriant, l'air amoureux, tandis qu'il fixe l'objectif, ébloui par le soleil. Il plisse les yeux mais ne sourit pas, comme s'il était concentré sur la tâche de tenir Aimée. Il porte une chemise claire cintrée qui lui dessine le torse. Agathe retourne le Polaroïd et lit distinctement : Lanz, 29 avril 1979.

Elle ouvre ensuite une enveloppe brune en papier recyclé, déplie la lettre qu'elle contient et en déchiffre l'écriture malhabile :

Mon étoile,

Je pars sans te dire au revoir, ni t'embrasser. J'ai arrosé le jasmin dans le jardin pour la dernière fois. Sipa m'a proposé un reportage aux Fidji. Mon avion décolle dans quelques heures. Je pars loin et longtemps. Tu auras le temps de m'oublier et de te déshabituer de moi, de nous. Je ne t'aimerai jamais comme il le faut, ni surtout comme tu le mérites. Je t'aime, mais mal. Je le vois, je le sais. Toi aussi tu le sais et tu ne dis rien.

C'est pour ça sans doute qu'il y a l'autre, ou les autres. Je sais Aimée, je sais que je ne suis pas le seul et je ne le supporte pas. J'aime te faire rire, t'entendre respirer la nuit, j'aime ton odeur, le goût de ta peau. Moi aussi je dois me déshabituer de toi, de nous. Pardonne-moi de partir comme ça.

*P****

Agathe repose la lettre sur le lit à côté de la photo, soudain triste, puis regarde l'enveloppe brune qui contenait la lettre. Son cachet mentionne la date du 8 août 1979. Au dos, Agathe peut lire l'adresse manuscrite de son expéditeur qui indique Paul Weber, 8, rue du Repos, 75020 Paris.

L'auteur de la lettre, Paul Weber, est sans aucun doute l'homme qui se tient aux côtés de sa mère sur la photo. Agathe ne se souvient pas avoir entendu parler de lui. Elle reprend le Polaroïd. Au bras de sa mère, elle identifie soudain le bracelet de bois qu'elle a découvert le week-end précédent en ouvrant le coffre.

S'agirait-il d'un cadeau de Paul Weber ? Le bijou serait-il lié au souvenir de cet homme ? Difficile de répondre mais Agathe est sûre d'une chose : Aimée ne l'a jamais porté devant elle et ne s'en est pas séparée pour autant.

Quel est cet homme qui a rompu avec sa mère et qui est parti sans prendre congé ? Un journaliste ? Un photographe ? Un aventurier ? Un homme amoureux qui ne supportait pas de partager sa mère avec d'autres amants ? Que peut-elle savoir de lui hormis qu'il est parti en 1979 en reportage dans les îles Fidji ? Est-il encore seulement vivant ? Il fait peut-être partie de ces reporters qui exercent leur métier au risque de leur vie.

Elle songe à ces mots qui l'ont frappée : « Je ne t'aime pas comme tu le mérites. » Que méritait sa mère au juste ? Qu'avait voulu dire Paul Weber en écrivant cela ?

Agathe se surprend à se poser ces questions qui ne lui seraient jamais venues à l'esprit quelques semaines plus tôt. Elle pense pour la première fois aux sentiments qui ont animé sa mère et le fait sans la juger. Elle ne voit plus Aimée comme une fantaisiste égoïste cette fois, mais comme une femme qu'un homme a quittée, une femme amoureuse qui a dû souffrir d'être abandonnée. Jusqu'à maintenant, elle n'avait jamais songé à sa mère de cette façon. Aimée était une femme forte, une battante, une « Amazone », celle qui choisit et décide de ses relations avec les hommes.

Un autre élément la trouble, auquel elle n'ose pas encore réfléchir : l'année de la lettre et de la photo, 1979, un an avant sa naissance.

Elle ne peut ignorer qu'il s'agit de la période de sa conception. Pour quelle raison sa mère a-t-elle conservé cet écrit ? Se pourrait-il que cet homme ait un lien avec son histoire ? Agathe se raidit en pensant à l'idée que Paul Weber puisse être son père. Ce serait possible mais très incertain, se reprend-elle, en pensant aux phrases qui évoquent la présence d'autres amants dans la vie d'Aimée durant la même période et qui sont d'ailleurs l'une des raisons de leur rupture si elle l'en croit. Le rappel de l'inconstance de sa mère balaie sa tristesse et fait remonter sa colère.

Agathe replie la lettre et la range avec le Polaroïd dans son enveloppe, puis regarde la dizaine de cartes postales que le ruban retenait avec elle. Toutes adressées à sa mère, elles ont été envoyées depuis des destinations plus ou moins exotiques – Mexico, Londres, Marseille, Cracovie… – et reflètent les divers lieux où Paul Weber se rendait pour son métier. Au dos, Agathe est surprise d'y trouver non pas des mots mais des dessins d'étoiles, de cœurs ou de soleils, toujours accompagnés de cette même signature P***. Elle y retrouve aussi l'écriture de Paul, maladroite et presque enfantine, dans l'adresse postale d'Aimée.

Agathe reforme le paquet et ajuste le ruban pour le reposer dans le tiroir. Elle calcule que sa mère avait 28 ans quand elle recevait ces cartes postales et cette lettre, soit sept ans de moins que son âge à elle. Ce disant, elle réalise qu'elle n'a jamais reçu de tels messages et en éprouve une pointe d'amertume. Ces cartes lui semblent refléter la joie, la liberté et la complicité qui devaient unir Paul et Aimée, tout ce qu'elle n'a pas vécu avec un homme jusqu'à maintenant.

Ces pensées lui serrent un peu plus le cœur. Toute la journée, Agathe a été tourmentée par les souvenirs et les émotions. Elle se sent épuisée et n'a pas la force, ni le courage de dévoiler le contenu des deux autres paquets de lettres.

Elle s'allonge sur le lit d'Aimée en espérant y trouver un peu de réconfort. Étendue sur le côté, elle reste immobile, les yeux rivés sur l'un des motifs traditionnels cachemire du couvre-lit. Elle détaille la feuille entourée d'un enchevêtrement de fleurs raffinées, dessin classique de l'artisanat indien. En évoquant l'Inde, ses pensées dérivent vers Ashok Sing Dhoni. Car même si elle ne sait pas d'où il tient son accent, son patronyme a clairement des origines indiennes. Depuis près d'une semaine qu'elle a fait sa connaissance, elle a pensé à lui à plusieurs reprises. Elle a revu en pensée le moment de leur rencontre dans la boutique de la place Vendôme, un peu comme lorsqu'elle rejouait sur des cassettes VHS les scènes clés de ses films préférés. Elle se remémore son arrivée dans le salon, elle revoit sa haute taille, son profil altier, ses yeux perçants. Elle entend à nouveau sa voix chaude et repense à ses remarques, à leur conversation, en note certains détails. En se rappelant son invitation à visiter l'atelier du haut joaillier, elle se dit que c'était sans doute une parole en l'air et ressent de la déception à l'idée de renoncer à le revoir. Elle se sent habitée par cette rencontre. C'est à la fois délicieux et embarrassant. Elle n'a pas souvenir d'avoir éprouvé une telle sensation depuis longtemps et se raisonne en se trouvant idiote de perdre son temps à songer à cet homme qu'elle n'a aucune chance de revoir.

Quand l'écran de son téléphone s'allume pour laisser apparaître la notification d'une publication de la Maison Sotheby's, elle découvre qu'il est déjà 18 heures.

Ce soir, elle doit accompagner Julie à la Comédie-Française à 20 heures. Vite, elle se lève et tout en s'affairant elle constate à nouveau que l'appartement est encore loin d'être vidé. Il ne reste que deux semaines avant de rendre les clés et ce délai l'inquiète une fois de plus.

Et puis, il lui tarde d'en finir et de retrouver du temps pour elle. Pour l'instant, les affaires de sa mère prennent toute la place et requièrent toute son énergie. Elle se sent écrasée par les tâches et les responsabilités. « Je pèse dix tonnes », dit-elle à haute voix en quittant les lieux et en songeant au jour où elle pourra en fermer définitivement la porte.

*

Sous le feu des lustres soudain rallumés, le velours rouge des fauteuils, les stucs dorés des balustrades et les peintures du plafond reprennent vie. De l'obscurité dans laquelle ils étaient plongés, les spectateurs retrouvent eux aussi la lumière et reprennent leurs esprits pour applaudir à tour de bras.

Dans le majestueux théâtre de la Comédie-Française, la salle ovationne la troupe qui salue son public d'un soir avec soin et dévouement. Chaque comédien tient son rôle jusqu'au bout même la dernière réplique passée ; les saluts sur scène font encore partie du spectacle. Plus de trois cents ans de théâtre se sont tenus dans ces lieux, songe Agathe en continuant à applaudir avec émotion. Elle scrute les visages des comédiens maintenant débarrassés du masque de leurs personnages. Elle éprouve beaucoup de respect pour ces hommes et ces femmes qui, courageux et dédiés, se consacrent, tous les jours et tous les soirs à jouer la comédie, se glissant dans l'esprit d'un texte, se pliant à la vision d'un metteur en scène.

Sans se lasser chaque soir, ils remontent sur scène et prennent le risque d'oublier un vers, de se tromper, de flancher, remettant tout en jeu à chaque représentation. Des artisans des planches, se dit-elle en passant en revue les visages maquillés, transpirant pour certains, épuisés pour d'autres.

— C'était merveilleux ! s'exclame Julie entre deux séries d'applaudissements.

— Fantastique, renchérit Agathe. Merci de m'avoir invitée.

Une fois le dernier salut effectué, le public commence à se lever et le rideau descend sur la scène, clôturant le spectacle mais aussi la dernière représentation de la saison.

— Je ne pensais pas que j'aurais tant de plaisir à revoir cette pièce, poursuit Agathe en attrapant son sac et son gilet noir. Le texte est d'une modernité ! Ou plutôt d'une pérennité ! Rien ne change pour les hommes, même après trois siècles !

— C'est vrai, répond Julie. Molière est un génie. *Le Misanthrope* est sans doute une de ses pièces les plus personnelles.

— Rappelle-moi le nom de ce comédien fantastique qui joue Alceste ?

— Loïc Corbery. Je l'avais vu dans *La Mégère apprivoisée* de Shakespeare.

— Ah oui ! Formidable aussi !

Tout en parlant Julie et Agathe traversent le foyer, passent à côté de la statue de George Sand et décident d'aller dîner à la brasserie qui borde la place Colette. Elles s'installent en terrasse sous la colonnade et passent rapidement commande. Quelques minutes plus tard, un serveur leur apporte une quiche lorraine et un croque-monsieur pour accompagner leurs verres de vin rouge. Tout en mangeant, les deux amies continuent d'échanger leurs impressions sur la représentation.

À la demande de Julie, Agathe partage ensuite le bilan de son samedi passé dans l'appartement de sa mère.

— Je n'avance pas assez vite dans le tri. J'ai à peine fait la moitié de ce que j'avais prévu, souffle-t-elle. J'espère en venir à bout pour essayer de vendre certains livres et quelques objets. La bibliothèque est beaucoup plus conséquente que je ne pensais, il y a des centaines de livres à trier. Et je dois rendre les clés dans deux semaines. Le 11 août.

— Tu es sûre que tu ne veux pas que je t'aide ? Ce serait plus facile et plus rapide. Je sais que tu tiens à tout faire seule mais il s'agit quand même d'un immense appartement à vider. Et d'un deuil aussi. Laisse-toi aider pour une fois ! Ce n'est pas si difficile ! On n'arrive à rien tout seul dans la vie.

— C'est gentil, répond Agathe. Je vais peut-être revoir mes positions en effet et te demander un coup de main. La bonne nouvelle c'est qu'un autre expert vient mardi prochain pour le reste des meubles. J'ai quand même avancé un peu !

Sinon, figure-toi que j'ai lu une des fameuses lettres dont je t'ai parlé au téléphone, dit-elle en changeant soudain de sujet. C'est étrange, je me sens à la fois curieuse et honteuse de l'avoir lue. J'ai envie d'en savoir plus et je suis gênée en même temps.

— Mais que disait cette lettre ?

— C'est une lettre de rupture écrite par un certain Paul Weber qui travaillait pour Sipa Press. Elle date de 1979. Je ne sais pas pourquoi ma mère l'a conservée. Pour être honnête, je ne peux pas m'empêcher de penser qu'il est peut-être mon père.

— Ton père ? Pourquoi lui ? Ta mère t'en avait parlé ?

— Non jamais. C'est justement ce qui m'interpelle. Ma mère ne cachait pas ses histoires, mais lui vraiment, je n'ai aucun souvenir d'en avoir entendu parler. Je n'aurais jamais cru que je puisse me poser cette question à 34 ans ! Enfin, avec ce coffre et cette lettre, j'ai le sentiment d'avoir ouvert la boîte de Pandore. Je me demande par moments si je ne devrais pas la refermer au plus vite.

6.

Trois jours plus tard, mardi en fin de journée, Agathe quitte les bureaux de Tajan et se rend d'un pas vif place Vendôme suite à un appel de Madame Girard. Exactement une semaine s'est passée depuis son premier rendez-vous avec la directrice du patrimoine de Van Cleef & Arpels et elle formule le vœu que cette dernière ait des informations intéressantes à lui communiquer sur les bijoux.

Elle espère même si elle sait que peu de temps s'est écoulé et que ce type de recherches, très particulières, nécessitent de plonger dans des linéaires d'archives, sans doute plus confuses que celles de la Bibliothèque nationale de France.

La directrice accueille Agathe dans le petit salon qu'elle connaît déjà, à l'étage de la boutique qui donne sur la place Vendôme. Après s'être saluées chaleureusement, toutes deux s'installent dans les sièges capitonnés. « La vue est toujours aussi magnifique », note Agathe, avant de regarder son interlocutrice.

— J'ai du neuf pour vous, attaque Madame Girard, l'air enthousiaste, les mains posées sur une pochette orange qui jure avec sa robe couleur parme. J'ai toutes les informations sur les deux sautoirs Alhambra, la parure de fiançailles et les six broches animalières !

Agathe la regarde stupéfaite et attend la suite avec appréhension. Elle est d'autant plus nerveuse qu'elle s'apprête peut-être à découvrir l'origine de certains bijoux et l'identité de leurs acheteurs.

— Pour le sautoir en lapis-lazuli, j'ai retrouvé son année de production et sa date d'acquisition à l'aide du numéro gravé. Il s'agit d'un bijou daté de 1979 qui figure parmi les premières déclinaisons en diamants et pierres ornementales de cette collection lancée en 1968. Donc, comme je vous le disais la dernière fois, il est tout à fait intéressant d'un point de vue historique. De plus, il est dans un état remarquable. Il a été acquis le 4 février 1979 exactement, ici même au 22, place Vendôme. Peut-être en prévision de la fête de la Saint-Valentin. Quoique non. Attendez. Je doute que la Saint-Valentin telle qu'on la connaît aujourd'hui avec son lot de cadeaux ne soit vraiment rentrée dans les mœurs avant le milieu des années 1980…

Agathe ne peut s'empêcher de sourire. Avec sa formation d'historienne, elle apprécie ce genre de réflexion et se réjouit d'avoir une interlocutrice aussi méticuleuse qu'elle dans son travail.

Pendant un instant, elle imagine ce jour de février 1979 : peut-être gris et pluvieux ? Les réverbères allumés se reflétant dans les flaques d'eau tandis que des silhouettes cintrées dans leurs imperméables et protégées par des chapeaux de pluie traversent la place Vendôme en courant… Mais elle se reprend et sort de sa rêverie pour poser la question qui lui brûle les lèvres :

— Et savez-vous qui en est l'acquéreur ?

À cette question, Madame Girard semble mal à l'aise. Elle recule dans son fauteuil avant de décroiser puis recroiser ses jambes.

— C'est délicat voyez-vous car… Une toux sèche l'interrompt et la contraint à boire une gorgée d'eau. L'acheteur n'est pas votre père, Monsieur Valmy de Bézieux, lâche-t-elle dans un souffle.

Agathe réagit à cette explication par un petit rire.

— Oh ! Ça ne risquait pas ! Je m'en doutais ! Ma mère était… assez libre vous savez.

Madame Girard semble soulagée et poursuit :

— Bien, dans ce cas, il s'agit d'un certain Monsieur Wandrilles de Précenelle.

Agathe n'a jamais entendu ce nom auparavant. Elle note mentalement la date du 4 février 1979 et enregistre ce patronyme compliqué qui lui fait penser au mot « bretzel ». Elle écoute plus distraitement Madame Girard lui dire que le bijou pourrait être une acquisition intéressante pour la Maison, tout en pensant, affligée encore une fois, au nombre d'amants que sa mère a pu avoir et dont elle ne saura jamais l'existence.

— Concernant le sautoir Alhambra en onyx, sa date est antérieure, 1973. Il s'agit d'une pièce plus classique. C'est votre mère qui l'a acheté ici place Vendôme.

Quant aux broches animalières, l'ensemble date des années 1955, 1956 et 1957 et a été acquis à quelques mois d'intervalle par un membre de votre famille : Odette Valmy de Bézieux.

— C'est ma grand-mère ! s'exclame Agathe. Ça ne m'étonne pas d'elle, poursuit-elle enjouée, elle avait une passion pour les animaux. Elle a bien fait de ne pas attendre que mon grand-père les lui offre. Je crois qu'il était bien plus classique qu'elle, même si je ne l'ai pas connu. Il est mort avant ma naissance, précise-t-elle à l'attention de Madame Girard pour s'expliquer, avant de se rendre compte qu'elle n'a aucun besoin de raconter ces détails. Elle se sent soudain presque gênée de s'être ainsi livrée.

En évoquant les bijoux de sa mère et le sens qu'ils avaient pour sa famille, Agathe est frappée par les souvenirs, les émotions, les interrogations qu'ils peuvent susciter. Ils ont été offerts à des occasions majeures : fiançailles, mariages, naissances, anniversaires, comme autant de célébrations de moments forts et importants. Tous sont reliés à des instants de vie qu'elle n'a pas connus mais qu'elle peut imaginer et découvrir aujourd'hui.

Madame Girard tourne une page du dossier devant elle.

— Pour la parure de perles, nous avançons sur l'estimation et je pourrai revenir vers vous la semaine prochaine. C'est un travail remarquable. Êtes-vous certaine de vous en séparer ?

— Je suis sûre de moi, répond Agathe. Je ne la porterai jamais, affirme-t-elle avec aplomb.

— Bien, dans ce cas il reste les recherches à mener sur la bague et le bracelet. Pour la bague, nous n'avons pas de numéro gravé mais le poinçon, la gravure « A&A » et la date, 1980. La pierre de centre me semble peser pas loin de 10 carats. Il va nous falloir lire tous les dépôts un à un et chercher la bague parmi des pages sur lesquelles se trouvent d'autres bijoux. Je ne vous cache pas que c'est long et laborieux. Certaines de nos archives sont entreposées en région parisienne et tant qu'elles ne sont pas numérisées, il faut s'y déplacer pour les consulter. J'espère y envoyer mon assistant en fin de semaine mais il me manque une personne dans mon équipe comme je vous l'ai dit, ce qui nous ralentit beaucoup. C'est très pénible, souffle-t-elle. Je voudrais recruter, mais il est difficile de trouver de bons candidats. Tomber sur une personne cultivée, fiable et qui prenne des initiatives est une chance.

Agathe s'étonne. Pourquoi Madame Girard lui livre-t-elle cela ? Elle lui est sympathique mais il ne doit pas être simple de collaborer avec une femme dont le niveau d'exigence et d'engagement sont si élevés.

— Et puis, j'ai deux expositions à finaliser pour l'automne, une à Tokyo et une autre à Moscou, il y a toute la logistique des pièces à gérer… continue-t-elle. Enfin, évidemment, vous connaissez le sujet. Et disant cela, elle semble heureuse de partager ses problèmes avec quelqu'un qui la comprenne. Vous menez parfois des ventes de bijoux chez Tajan ?

— Oui parfois, répond Agathe. Ce n'est pas ma spécialité mais il m'arrive d'aider des collègues. Je travaille justement sur la vente de Monte-Carlo des 30 et 31 juillet dont vous devez être informée.

— Absolument. J'ai même repéré une ou deux pièces mais je suivrai la vente à distance. J'ai trop de travail pour m'y rendre.

Mais revenons à nos affaires, reprend vivement la directrice en attrapant la feuille posée devant elle. Je ne vous ai pas encore parlé du bracelet. Je suis pour le moment dans l'embarras car je n'ai pas retrouvé sa trace dans les archives qui sont numérisées sur cette période. Plus précisément, le numéro gravé n'a pas de correspondance dans les livres de magasin ni dans les pancartes des ateliers, qui sont en quelque sorte les fiches d'identité des bijoux, explique-t-elle. Je suis dans une impasse, mais je ne vais pas en rester là. Ce serait mal me connaître ! sourit-elle.

En attendant, voilà ce que je peux affirmer : il s'agit d'un bijou qui date de la Première Guerre mondiale, une période très intéressante du point de vue de l'histoire de la joaillerie. Pour faire face à la pénurie de matières précieuses, certains joailliers se sont tournés vers les bois rares : l'ébène évidemment, le bois d'amourette, l'amarante… C'est le cas de votre bracelet qui est en ébène justement et qui est orné de beaux diamants.

À l'époque, la Maison a présenté ses créations de joaillerie en jouant sur la superstition d'après laquelle toucher du bois porterait chance. Les bijoux qu'elle a réalisés en reprenant cette maxime ont alors connu un engouement sans équivalent : chaque élégante voulait acquérir l'un de ces porte-bonheur à la mode.

Agathe écoute avec attention son interlocutrice et se réjouit d'apprendre des informations aussi riches sur ce bracelet qui retenait déjà son intérêt. Décidément, ce deuxième entretien lui rend Madame Girard encore plus sympathique. La conversation est d'ailleurs devenue conviviale entre les deux femmes et Agathe se sent gênée à l'idée de la presser sur les délais, bien que ce soit tout l'enjeu de sa venue.

— C'est passionnant, merci de partager cela avec moi. Pour ce qui est des certifications, si vous avez des nouvelles, n'hésitez pas à me contacter. Je pense partir en vacances le 14 août mais je reste joignable, ajoute-t-elle seulement sans oser la questionner sur une date de réponse.

— Je ne peux pas m'engager sur la durée des recherches mais je vous promets de faire au mieux, répète la directrice un peu tendue.

Agathe la remercie vivement avant de la quitter et de se retrouver, quelques instants plus tard, place Vendôme, au pied de la grande colonne de bronze où se dresse, telle une vigie, la statue de Napoléon Ier. Pas un brin de végétation n'habille cet ensemble architectural classique et ordonné qui dégage une atmosphère sévère. Ce décor minéral lui donne soudain envie de voir des arbres et des fleurs et elle décide de se rendre aux Tuileries, à deux pas de là.

Une fois la rue de Rivoli traversée, elle grimpe les marches et pénètre dans le jardin baigné par la lumière de fin de journée. Retrouver les grandes allées de sable clair, les arbres centenaires, les bassins et les fontaines lui fait du bien. Enfant, Agathe venait ici avec sa mère les dimanches, pour faire un tour de poney ou manger une glace. Elle regardait les voiliers miniatures chavirer contre les bords du bassin avant d'être remis à flot par les mains habiles d'un parent pour repartir voguer dans l'autre sens. Elle songe au jour où Aimée lui avait offert un ballon gonflé à l'hélium qui flottait au-dessus de sa tête et qu'elle avait gardé dans sa chambre pendant des semaines. Elle repense à la main chaude de sa mère qu'elle tenait dans la sienne et à l'insouciance qui l'habitait alors.

À l'époque, leur relation était légère et rien n'était compliqué entre elles. De sa petite enfance, Agathe garde le souvenir d'une période heureuse et comblée, remplie de vacances joyeuses, de projets amusants et drôles. Elle songe aux départs en week-end dans la Fiat 500, à son premier vol en avion pour les États-Unis, aux dîners où elle s'endormait sur la banquette des restaurants ou sur le canapé des amis, aux câlins et aux séances de chatouilles, aux jeux de cache-cache, aux cabanes en tissu que sa mère et elle avaient cousues et bâties. À ces scènes, s'ajoutent les images des goûters d'anniversaire que sa mère organisait pour la fêter, trouvant chaque fois un nouveau thème pour l'amuser. Elle se souvient des déguisements de pirate, de fée ou d'animaux de la jungle. Elle revoit aussi les crêpes qu'Aimée faisait sauter à la Chandeleur avant de les empiler au-dessus d'un bain-marie pour les garder au chaud ou encore les parties de crapette rapide.

Elle réalise alors combien Aimée lui a consacré de temps. Elle a su s'occuper d'elle quand elle était petite fille, mais beaucoup moins par la suite, quand elle a grandi, comme si elle n'avait pas su aller plus loin. À moins qu'elle ne l'ait moins intéressée par la suite et se soit avérée trop différente de ce qu'elle aurait voulu ? Penser cela lui fait mal mais elle ne peut s'empêcher de s'interroger.

Et puis, Aimée était en quête permanente d'amour. Tournée vers les autres, elle cherchait toujours le moyen de leur faire plaisir pour être aimée d'eux. Elle a passé sa vie à chercher l'amour, l'approbation et l'admiration, analyse Agathe. Tout plutôt que de déplaire. D'ailleurs, elle ne refusait rien et s'arrangeait toujours pour ne pas avoir à formuler ce petit mot de trois lettres : non.

Et, quand elle n'avait pas le choix, c'était sa fille qu'elle faisait passer après : après le spectacle de ce vieil ami ; après le dîner avec son cousin qui avait besoin de conseil ; après un coup de téléphone important à donner…

En grandissant, Agathe ne s'était plus sentie la priorité dans son cœur ou dans sa vie et elle en avait durement souffert. Pire, elle ne se sentait pas aimée comme elle était, ni comprise dans ses besoins et ses envies. Par la suite, ses choix d'études supérieures puis sa vocation professionnelle l'ont encore éloignée davantage.

Agathe tente de calmer son ressentiment et sa tristesse en se disant que sa mère devait l'aimer à sa façon. Mais elle constate aussi qu'une fois l'enfance envolée, elles n'ont pas retrouvé de connexion réelle, si ce n'est l'art, l'une des rares choses qu'elles aient toujours partagée.

Mais comment accepter qu'une mère et sa fille aient si peu de liens ? Et comment comprendre que leur relation ait été si défaillante ? À qui la faute ? Qu'aurait-il fallu pour la réparer et remédier à leurs différences ?

Tout en marchant dans les allées des Tuileries, Agathe constate que la mort de sa mère ne résout pas sa blessure et n'apaise pas sa rancœur. Elle s'efforce de balayer ces pensées sombres et décide de récapituler les informations qu'elle vient d'apprendre.

En évoquant Wandrilles de Précenelle, elle se demande à quoi peut ressembler cet homme et quel rôle il a joué dans la vie de sa mère. L'achat du collier a été effectué en février 1979, une date qui de nouveau l'intrigue et la met mal à l'aise car elle correspond aussi à l'année de sa conception. Cet homme pourrait-il lui aussi avoir un rapport avec ses origines ?

Je verrai ça plus tard, songe-t-elle en préférant réfléchir à la bague. Madame Girard a évoqué un rubis et une taille de près de 10 carats. Nul besoin d'être spécialiste pour savoir que la valeur d'une pierre peut faire s'envoler le prix d'un bijou. À combien de milliers d'euros cette bague pourrait-elle se vendre ? Serait-elle rachetée par le joaillier ? Une dernière question qu'elle s'avoue à moitié lui traverse l'esprit : son prix lui permettrait-il de s'acheter une étude à Paris ?

À cette évocation, son cœur s'emballe. Y aurait-il une chance, même infime, que ce bijou puisse lui permettre de réaliser son projet ?

Soudain revigorée, Agathe s'autorise à rêver un peu et décide de consulter les annonces de cessions d'études sur le site Internet de la Chambre nationale des commissaires de justice. La lumière de fin de journée vient dorer les arbres et les allées. Agathe choisit l'une des chaises en métal qui bordent le bassin central des Tuileries, s'assoit bien au centre, dans l'alignement de la cour du Louvre, du Carrousel, de l'Obélisque de la Concorde et de la célèbre avenue des Champs-Élysées. Elle tire son téléphone de son sac et après quelques secondes déchiffre plusieurs annonces :

Cession d'office judiciaire de Saint-Amand-Montrond.
L'office de commissaires-priseurs judiciaires de Saint-Amand-Montrond est à céder pour faire valoir les droits à la retraite du titulaire. La société de vente est à céder également (avec possibilité de vendre à l'Hôtel des ventes de Drouot). Actions d'Interenchères également à céder. Disponible rapidement.

Cession d'office judiciaire de commissaire-priseur, à Louviers.
Me Pigère vend l'office de commissaire-priseur judiciaire à la résidence de Louviers, Région Normandie. Merci

d'adresser vos candidatures et CV à l'adresse ci-dessous. Disponible de suite.

Cession d'office judiciaire et volontaire, région Est. Vend office de commissaire-priseur composé pour 50 % de judiciaire et 50 % de volontaire dans la région Est à 200 km de Paris pour cause départ à la retraite. Prix attractif – URGENT.

Agathe poursuit sa lecture, qui confirme ce qu'elle savait déjà : toutes les annonces sont situées en province, à Grasse, La Baule, La Rochelle, Cherbourg, Toulouse… Les cessions à Paris et en région parisienne sont introuvables. Elle se raisonne alors : même si elle en avait les moyens, son projet sera très dur à mettre en œuvre. Cette pensée l'apaise mais elle se promet néanmoins de surveiller de près le site de la Chambre nationale et d'aller passer du temps chez Drouot pour discuter avec les « cols rouges », les manutentionnaires de l'Union des commissionnaires de l'Hôtel des ventes, afin de glaner des informations sur la situation des offices judiciaires. Qu'ils soient porteurs, rippeurs, metteurs sur table ou magasiniers, ces commissionnaires savoyards sont au courant d'à peu près tout ce qui concerne la profession. Pourvu qu'on passe suffisamment de temps avec eux pour les faire parler.

Heureuse de cette promenade et des horizons neufs qu'elle a entrevus, Agathe se lève enfin et quitte le jardin des Tuileries pour rentrer chez elle.

Elle retraverse la place Vendôme et dépasse la boutique située au numéro 22 dont les rideaux sont désormais baissés. Elle songe à ses bijoux de famille qui dormiront là cette nuit et certainement quelques jours encore. Elle lève ensuite les yeux et aperçoit les lucarnes derrière lesquelles se cache l'atelier du joaillier. Un dernier rêve la surprend : faire cette visite et revoir Ashok Sing Dhoni.

7.

Comme si le fait de s'autoriser à formuler ce rêve l'avait convoqué dans la réalité, Agathe reçoit deux jours plus tard un appel de la directrice de la boutique Van Cleef & Arpels, Sophia Duca, pour lui donner rendez-vous vendredi, à 10 heures, afin de visiter l'atelier de haute joaillerie de la célèbre Maison.

Une fois les premiers instants de surprise passés, Agathe a accepté sans hésiter. De par sa formation, elle est curieuse de découvrir les lieux où se réalisent en secret les créations du joaillier et d'en savoir plus sur une histoire qui a plus d'un siècle d'existence. Elle sait qu'elle aura peu d'occasions de réaliser ce type de visite et mesure la chance qui lui est ainsi offerte. De plus, bien qu'elle ne l'ait pas demandé à la directrice, elle suppose que l'invitation est en partie due à Ashok Sing Dhoni qu'elle a rencontré dix jours auparavant. Elle en est à la fois heureuse et un peu inquiète.

La perspective de revoir cet homme lui plaît mais elle s'avoue qu'elle ne la laisse pas tout à fait tranquille. En repensant à la gêne et à l'agacement qu'elle a éprouvés lors de leur entrevue dans le salon de la boutique, elle s'inquiète de la tournure que peut prendre la visite. Et puis, elle craint de ne pas être tout à fait à sa place, n'étant pas cliente et n'ayant pas pour projet de le devenir. Elle se reprend en se rappelant combien sa famille a été fidèle au joaillier. Après tout, ces bijoux sont encore à moi, se dit-elle pour se rassurer.

Le matin dit, Agathe arrive en avance et patiente dans le hall d'un immeuble de la rue Danielle Casanova qui jouxte la place Vendôme. En attendant l'heure, elle rédige un message à un vendeur au sujet d'un projet de vente de design italien sur laquelle elle travaille mais elle est vite interrompue par le bruit de la porte vitrée qui s'ouvre pour laisser entrer Ashok Sing Dhoni.

Elle reconnaît tout de suite son port de tête altier, ses épais cheveux noirs et ses yeux perçants. Il porte à nouveau une écharpe haute en couleur, tissée de longues bandes jaune safran et vert émeraude.

Quand elle croise son regard, elle se sent comme mise à nue.

— Bonjour mademoiselle. Enchanté de vous revoir, dit-il en s'avançant vers elle.

— Bonjour, répond simplement Agathe en lui tendant la main sans savoir quoi ajouter.

Sa poignée de main, franche et chaleureuse, la fait à nouveau tressaillir. C'est la deuxième fois, note-t-elle, troublée.

Juste après l'arrivée d'Ashok, une jeune femme rousse et élancée monte les marches de pierre et ouvre à son tour la porte ancienne.

— Les travaux d'été ont commencé et Paris est un immense chantier, je suis navrée pour mon retard, j'aurais voulu vous accueillir, s'excuse la nouvelle venue. Elle se présente, Bénédicte, et sera leur guide pour la visite de l'atelier.

— Laissez-moi vous introduire, Mademoiselle Agathe Valmy de Bézieux, Monsieur Ashok Sing Dhoni.

Agathe sursaute car personne ne l'appelle jamais par son nom de famille complet. Encombrée par ce patronyme long et chargé, elle l'a simplifié dès ses 20 ans dans son adresse mail comme sur ses factures, ou encore sur sa boîte aux lettres, en l'amputant de sa deuxième partie. La particule noble, héritée de son grand-père et transmise par sa mère qui ne s'était pas mariée, lui semblait lourde à porter. Agathe trouvait que son nom la catégorisait et l'enfermait dans une classe de la société qui lui valait soit des attitudes d'entre-soi, soit des a priori. C'est pourquoi, sans avoir poussé son choix jusqu'à changer ses papiers officiels, elle a décidé de s'appeler Agathe Valmy depuis ses études.

— Je vais maintenant vous inviter à me suivre, propose la jeune femme tout en désignant un ascenseur caché derrière un escalier de maître en pierre de taille. Nous allons nous rendre au cinquième et dernier étage où se trouve l'atelier. Et disant cela, elle les conduit jusqu'au caisson en fer forgé noir dont elle ouvre la lourde porte.

Tous trois pénètrent dans l'ascenseur. L'espace est petit et Agathe peut sentir la veste d'Ashok effleurer son avant-bras qu'elle s'empresse de ramener vers elle. Elle reconnaît le parfum de musc et de bois qu'elle a déjà senti et qui se répand maintenant dans l'habitacle. Elle a du mal à cacher son trouble. Sa main lui semble encore sentir la chaleur de celle qu'elle a tenue quelques minutes plus tôt. Pour se calmer, elle regarde à ses pieds et inspecte ses propres chaussures, des sandales noires qu'elle s'inquiète de voir poussiéreuses. Le cuir noir de son sac à main commence, lui, à s'élimer. Elle a une pensée pour sa mère dont la tenue aurait été irréprochable.

Arrivés au dernier étage, ils s'arrêtent un instant devant la porte de l'atelier où Bénédicte commence ses explications.

— L'atelier est installé ici, rue Danielle Casanova, depuis 1996. Il faut savoir que ce n'est qu'au tournant du siècle que les maisons de joaillerie de la place Vendôme ont intégré à leurs équipes l'un ou l'autre des ateliers indépendants qui se trouvaient dans un périmètre rapproché et auxquelles elles faisaient appel, jusqu'alors, selon les projets à réaliser et selon leurs affinités. Certains ateliers ont ainsi pu travailler pour différents joailliers de la place. Mais ce n'est pas le cas de celui-ci, historiquement l'atelier Langlois, dont vous pouvez voir la plaque sur la porte. Lui collaborait exclusivement pour la

Maison depuis les années 1930, avant d'être repris et de s'installer ici.

À l'issue de ces explications, la porte s'ouvre et les visiteurs entrent dans un sas de sécurité. Au-dessus de leurs têtes, ils peuvent voir sur les écrans le retour vidéo noir et blanc des caméras qui les filment. Agathe se surprend à sourire. Une fois sortis, ils empruntent un escalier en colimaçon avant d'arriver dans un vaste espace, sous les combles, dont les fenêtres donnent sur les toits parisiens.

Abondamment éclairés par la lumière du jour, plusieurs établis en chêne clair sont alignés les uns derrière les autres. Ce sont de longues planches de bois, creusées chacune de trois alvéoles, et qui peuvent accueillir jusqu'à trois artisans.

— Voici l'espace de travail des joailliers, explique Bénédicte. Les établis sont constitués de plateaux de bois dans lesquels un arc de cercle est formé pour offrir à l'artisan une position optimale, les coudes levés à la hauteur de l'ouvrage. Très souvent, les plus jeunes sont placés au centre et sont ainsi encadrés par des ouvriers expérimentés. Il existe en effet quatre échelons dans la vie professionnelle d'un artisan qui commence comme ouvrier joaillier 1 et peut achever sa carrière comme ouvrier joaillier 4. Dans le jargon, on parle d'OJ4.

Elle s'approche d'un établi et poursuit :

— Nous disons que l'ouvrier travaille « à la cheville ». Il s'agit d'un morceau de bois de près de 10 cm qui se positionne à l'avant et au centre de l'établi et qui s'insère dans une mortaise dans l'épaisseur du plateau. L'artisan débute avec sa propre cheville et va la façonner selon sa manière de travailler. Chaque cheville est ainsi unique et va s'user et se réduire avant d'être changée, tous les sept ans environ.

Tout en parlant, Bénédicte illustre son discours en montrant diverses chevilles.

— Le travail du joaillier consiste à façonner l'or ou le platine à partir du dessin fourni par le studio de création, puis de la maquette qui est parfois réalisée en amont. Ici par exemple, on peut voir le dessin gouaché d'un collier et là, la maquette d'une partie de ce même collier, réalisée à l'aide de matériaux communs comme l'étain et le strass.

Elle s'est emparée d'un morceau de métal qu'elle fait bouger de haut en bas pour en montrer la souplesse.

— Dans ce cas, la maquette a permis d'étudier la flexibilité du collier une fois posé sur le cou, poursuit-elle en tendant l'objet à Ashok.

— La monture du collier est en train d'être réalisée ici, continue-t-elle en désignant un autre établi. Tous les outils nécessaires à cette étape sont là : limes, marteaux, pinces, scies à métal… La plupart n'ont pas changé depuis des siècles. Les seules choses qui ont évolué sont liées à l'invention de l'électricité : les petits moteurs qui font fonctionner les perceuses et les lumières qui éclairent les artisans les jours où il fait trop sombre.

Ce matin de juillet, les sièges des établis sont pour beaucoup inoccupés. Agathe est sur le point d'interroger Bénédicte quand elle sent une main se poser sur son bras.

Elle se retourne et voit Ashok lui tendre la maquette en étain. Perturbée, elle s'en saisit en le remerciant.

— Au sein de l'atelier, les joailliers interagissent avec plusieurs autres corps de métier : les sertisseurs, les polisseurs, les fondeurs, les lapidaires, les dessinateurs, les maquettistes…

— À quoi servent les peaux qui se trouvent sous les établis ? l'interrompt alors Ashok.

— Très bonne question ! Elles permettent d'une part de rattraper une pierre qui aurait malencontreusement échappé aux précelles d'un joaillier, mais surtout, elles permettent de récupérer la poussière de toute la matière précieuse qui est travaillée ici et qu'on appelle la « limaille ». Vous seriez surpris de la quantité d'or que l'on peut refondre ainsi à la fin d'une année de travail.

Agathe jette un regard à Ashok qui écoute Bénédicte avec attention. Elle profite de sa question pour poser à son tour la sienne.

— Les vacances d'été commencent ce soir, lui répond Bénédicte et l'atelier ferme pour un mois, c'est pourquoi il y a si peu de joailliers à leur poste, mais allons voir ceux qui sont encore là, puis nous irons rendre visite aux sertisseurs et aux polisseuses.

Ils avancent dans l'atelier en se dirigeant vers les fenêtres qui donnent cette fois sur la place Vendôme.

— Bonjour, lance Bénédicte.

Quelques visages se tournent vers eux et les saluent tandis que d'autres artisans, casques vissés sur la tête, restent penchés sur leur ouvrage.

Agathe est frappée par le grand nombre de femmes assises aux établis. Ce constat vient démentir son préjugé sur le métier. Les blouses blanches des ouvriers joailliers habillent donc désormais autant de silhouettes féminines que masculines.

Elle observe attentivement les gestes des artisans, fascinée par leurs mains sûres et précises. Elle regarde une joaillière faire danser son « bocfil », un petit porte-scie, explique Bénédicte, pour réaliser une « mise à jour » :

— C'est un espace créé à la surface du bijou qui vient dégager le métal afin de permettre à la lumière de passer et de venir éclairer la pierre qui y sera accueillie plus tard, poursuit-elle.

Quelle précision ! Quelle patience ! pense Agathe.

— Il faut compter entre 400 et 900 heures pour réaliser une pièce unique, parfois même jusqu'à 1 500 heures selon la complexité du bijou, appuie Bénédicte tout en montant une série de marches menant à un couloir éclairé par des lucarnes en chien-assis.

Ashok, qui marchait devant Agathe, s'arrête soudain sur le côté et l'invite ainsi poliment à passer devant lui. Elle lui adresse un rapide sourire, murmure un remerciement et s'avance dans le couloir, non sans frémir de le savoir derrière elle.

— Je vous présente Frédéric et Laurent, deux de nos sertisseurs, annonce leur guide à l'entrée de la pièce.

Visiblement habitués à recevoir des visiteurs, les deux hommes les saluent et enchaînent :

— Notre travail consiste à enchâsser les pierres dans le métal, explique Frédéric, un homme grisonnant portant des lunettes à fine monture. Pour cela, il existe plusieurs types de sertis. Les plus courants sont les sertis « griffe » et les sertis « à grain » mais nous travaillons aussi les sertis « clos », les sertis « massés » et les sertis « baguette ». Et vous verrez aussi, plus loin, les ouvriers qui travaillent sur le fameux Serti Mystérieux qui est une des signatures de la Maison.

Agathe observe la poignée de bois surmontée de cire dans laquelle est insérée la pièce de joaillerie nue, ici la structure d'une broche en forme de papillon. Dans de petites boîtes translucides, des diamants et des saphirs roses et mauves attendent de rejoindre leur emplacement et d'être fixés sur le métal. Ashok s'est approché de l'établi sur lequel sont posées les pierres précieuses. Agathe le voit alors prendre une boîte où repose un gros diamant de la forme d'une poire et prononcer un mot qu'elle ne comprend pas. En se retournant cette fois vers elle, il lui présente la boîte et répète :

— « Rimjhim ». C'est le mot hindi pour décrire le bruit de la pluie qui tape sur le toit de la maison. C'est aussi le nom de ce type de diamant en forme de goutte. De goutte ou de larme.

En comprenant qu'Ashok parle hindi, Agathe éprouve un mélange de soulagement et de joie. Il est donc indien, pense-t-elle, tout en prenant la boîte.

Elle se concentre alors et regarde la pierre dont les facettes aux mille reflets l'éblouissent. Elle est surprise par l'émotion qu'elle ressent devant ce diamant qui brille si vivement au creux de sa main et qui semble être éclairé de l'intérieur.

— Le diamant est la plus précieuse des pierres, continue Ashok, un symbole de perfection et de pureté absolue, mais l'éclat qu'on lui voit aujourd'hui n'a pas toujours existé. C'est seulement à l'époque de Louis XIV que les pierres ont été taillées à facettes. Voilà ce que la joaillerie doit au « Roi-Soleil », pour qui il fallait du brillant.

— C'est une poire de 15 carats d'Afrique du Sud, ajoute le second sertisseur, dont le commentaire, en comparaison, semble prosaïque.

— À mon sens, ce n'est pas le nombre des carats qui prime, rétorque Ashok, mais l'émotion qu'une pierre procure à celui qui la regarde.

C'est la même chose pour les hommes, poursuit-il. Ce ne sont ni les diplômes ni la fortune qui comptent, mais l'énergie et la présence qu'ils dégagent.

Agathe est surprise par ce discours étrangement spirituel. Et puis, avec sa passion pour les pierres précieuses et la joaillerie, elle trouve Ashok très précieux, presque trop raffiné pour un homme. Elle s'en veut de cette réflexion qu'elle juge idiote et sexiste mais se sent déconcertée. La personnalité et l'élégance de cet homme la troublent tant.

— Je trouve les diamants à la fois beaux et tristes, dit-il enfin à voix plus basse, comme s'il lui confiait un secret. Je préfère les pierres de couleur, conclut-il en reprenant la boîte et en la reposant sur l'établi. À sa main, Agathe voit à nouveau l'émeraude qu'elle lui avait déjà vu porter et qui semble confirmer ses goûts.

En écoutant Ashok lui parler, elle se dit qu'il doit avoir d'autres origines. S'il est évident que l'Inde en fait partie, elle note autre chose sans pour autant parvenir à savoir quel accent chante dans sa voix, tâche d'autant plus difficile qu'il s'exprime dans un français parfait.

— Puisque nous sommes en train de parler de pierres, je vous propose d'aller voir le travail des lapidaires qui œuvrent sur le fameux Serti Mystérieux, conclut Bénédicte après avoir laissé à Frédéric le temps d'expliquer les échoppes et les fraises qu'il utilise pour rabattre le métal ou lever les grains contre les pierres.

À la suite de leur guide, les visiteurs pénètrent dans une autre pièce et saluent deux nouveaux artisans, Hugues et Luc.

— La Maison possède un service d'achat de pierres précieuses et ornementales, et hormis quelques retailles ponctuelles, elle n'a pas pour vocation de tailler, polir ou graver les pierres. C'est le travail de partenaires lapidaires indépendants, dit Bénédicte. En revanche, pour la technique du Serti Mystérieux, l'une de nos signatures, elle a besoin de lapidaires spécialisés pour retailler les rubis, saphirs et émeraudes. Leur travail consiste alors à creuser dans les pierres des rainures de quelques millimètres afin de les insérer par la suite, une à une, dans un système de rails. Le résultat final permet de sertir les pierres, sans jamais voir la structure en métal, achève Bénédicte.

Ashok s'approche de la meule de taille qui tourne à plat et contre laquelle l'un des lapidaires est en train de travailler un rubis de toute petite taille. Penché sur l'ouvrage, un monocle coincé dans l'œil, l'artisan s'arrête un instant pour expliquer en détail son ouvrage. Il précise qu'il faut compter de deux heures à quatre heures de taille pour une pierre de quelques millimètres. Il leur confie qu'il ne reste plus qu'une trentaine de lapidaires en France et que « seule une poignée d'entre eux maîtrise cette technique ».

Le regard d'Agathe est attiré par un bijou posé sur un plateau à côté de la roue : une fleur rouge de la forme d'une pivoine qui brille de tous les feux de ses rubis. Ses courbes se superposent, reproduisant la densité des pétales de cette fleur qui, une fois éclose, ploie sous son propre poids. Devant le bijou, Agathe est saisie d'une émotion qu'elle connaît pour l'avoir déjà vécue devant un tableau ou une sculpture, quand la main de l'homme touche au sublime et qu'elle semble, un instant, avoir arrêté le temps par la perfection de son geste.

La voix de Bénédicte, qui les invite à rendre visite aux polisseuses, la sort de sa contemplation et la fait sursauter. Elle aperçoit le regard d'Ashok posé sur elle et se demande s'il l'a vue s'émouvoir.

Mais l'un des lapidaires intervient et contredit leur guide en précisant qu'Agnès et Laurence sont déjà parties en vacances. Il n'y a personne au polissage.

— Quel dommage ! regrette Bénédicte avant de les inviter à la suivre pour regagner l'entrée.

Tandis qu'elle marche à petits pas dans le couloir, elle explique la fonction des polisseuses dont le travail est capital pour une pièce de haute joaillerie.

— Leur action permet de donner au bijou tout son éclat et de faire briller au mieux le métal, une fois les pierres positionnées dans les mises à jour.

Quelques instants plus tard, ils redescendent par l'escalier en colimaçon, puis quittent l'atelier en empruntant à nouveau le sas et l'ascenseur. Bénédicte continue à parler et déplore le manque de relève et le peu d'apprentis ouvriers, expliquant combien les métiers de la joaillerie restent méconnus en France, certains d'entre eux n'étant plus enseignés autrement qu'en apprentissage.

Agathe l'écoute avec attention et se trouve frappée, une fois arrivée dans le hall, par le bruit et l'agitation du monde extérieur qu'elle perçoit à présent et qui contraste tant avec le calme de l'espace protégé qu'elle vient de quitter. Elle regrette déjà cet endroit préservé où le temps semblait s'écouler à un autre rythme.

Bénédicte clôt la visite et Agathe comprend que le moment est venu de prendre congé. Elle a soudain chaud et peut sentir ses joues rougir. Elle remercie chaleureusement Bénédicte et se tourne vers Ashok en cherchant un mot pertinent, mais rien ne lui vient à l'esprit.

— Ravi d'avoir partagé ce moment avec vous, lui dit-il en premier en lui tendant la main.

— De même, répond-elle d'une voix qui lui paraît trop aiguë.

— Vous devriez aller visiter les collections des minéraux du Muséum national d'Histoire naturelle, lui dit-il alors qu'elle retire sa main de la sienne, comme pour tenter de la retenir avec cette phrase. Si vous appréciez les pierres, il y a là-bas des trésors à découvrir.

— Je suis plutôt intéressée par les musées d'art mais j'y songerai, répond-elle en regrettant de ne pas réussir à être moins formelle et ne sachant comment lui exprimer sa gratitude de l'avoir invitée à cette visite exceptionnelle.

— N'hésitez pas à me dire ce que vous en penserez, dit-il en lui tendant sa carte.

Agathe la saisit, le remercie et le salue avant de traverser rapidement le hall pour rejoindre la rue Danielle Casanova. Une fois hors de leur vue, la bouche sèche et le cœur battant, elle s'éloigne à grands pas pour tenter de calmer l'émotion qui la submerge et qu'elle refuse d'essayer de nommer.

Elle tourne le coin de la rue et aperçoit une vitrine luxueuse dont les couleurs l'attirent et devant laquelle elle s'arrête. Faits de soie, de velours, de brocart, les vêtements sont élégamment disposés et triés dans d'harmonieux dégradés coloriels. Le regard absorbé pas ces myriades de couleurs, Agathe se surprend soudain à désirer en porter une, elle qui habituellement ne s'habille qu'en noir.

8.

Depuis la visite de l'atelier qui s'est tenue la veille, Agathe ne parvient pas à démêler les pensées qu'elle nourrit à l'égard d'Ashok.

Elle a voulu éviter de penser à lui, mais son esprit n'a pu s'empêcher d'y revenir durant toute la journée et elle ne sait comment se défaire de son image. Cet homme semble à la fois fort et raffiné, arrogant et attentionné, passionné et calme. Sa personnalité la déconcerte et Agathe ne sait comment le juger. Son visage repasse devant ses yeux et ne la quitte pas. Elle le chasse encore.

Agacée de ne pouvoir maîtriser le cours de ses pensées, elle essaye de reprendre le contrôle et songe qu'elle ne doit pas prendre le risque de se laisser attirer par un homme dont le caractère semble si inhabituel et dont le milieu doit être si différent du sien. Elle a entendu dire qu'il commande une pièce unique de haute joaillerie par an et pense qu'il doit appartenir à ce genre de grandes fortunes qui vivent en dehors de la réalité et dont elle se sent si éloignée.

Elle repense à la carte de visite qu'il lui a tendue la veille et juge ce geste, avec du recul, un peu prétentieux, voire vieux jeu. Elle ne l'a pas lue, gênée par les émotions qu'elle a ressenties alors et se rend compte maintenant qu'elle est restée chez elle, rue Bourdaloue. Elle le regrette car elle aimerait bien savoir quelle est sa profession et dans quel secteur d'activité il évolue.

Assise dans l'appartement de sa mère, sur une bergère cassée qu'elle ne pourra pas vendre, Agathe finit par se lever pour aller boire un verre d'eau. Ses pas résonnent dans les vastes pièces dont une grande partie a été vidée aujourd'hui. En se servant, elle songe alors au petit ami de Julie, Léo, et se dit qu'il ne lui plairait pas s'il était célibataire. Il est terre à terre et préoccupé par l'aspect matériel de la vie, un peu macho et pas assez subtil, juge-t-elle. Mais qui pourrait trouver grâce à mes yeux ? se demande-t-elle soudain en vidant son verre d'un trait. Mes jugements sur Ashok ou sur Léo manquent cruellement de nuances, reconnaît-elle.

Tout en se rasseyant, elle réalise qu'elle est seule dans l'appartement de sa mère depuis la veille soir et n'a parlé à personne depuis 24 heures. Ce constat lui donne le vertige mais l'éclaire aussi : voilà sans doute pourquoi elle ressasse ses pensées et se sent si déboussolée. Elle éprouve soudain le besoin de parler et envoie un message à Julie en lui demandant de la rappeler. Elle pourrait essayer de joindre Ludovic ou d'autres amis mais Julie est de loin celle qui saura le mieux l'écouter, la comprendre et la conseiller.

Elle espère que ses vacances avec Léo se passent bien, elle aimerait tant qu'elle soit heureuse et sereine. Cela fait des années qu'elle la voit souffrir dans des relations amoureuses qui se terminent en fiasco. Si seulement celle-ci pouvait être la bonne ! En pensant aux nombreuses histoires d'amour de Julie, elle songe à nouveau à celles de sa mère et revient aux lettres qu'elle n'a pas encore lues et qui se trouvent dans le tiroir du buffet chinois. Après avoir listé ce qui lui reste à faire – le tri de la bibliothèque et la cave entière –, elle décide de s'arrêter pour aujourd'hui et de s'octroyer un instant pour lire la correspondance de sa mère.

Après avoir cherché les lettres, elle s'installe et déplie la première avec soin. Celle-ci est rédigée sur un beau papier Vergé couleur crème sur lequel figurent, en en-tête, deux lettres majuscules typographiées à l'ancienne dans un marquage à chaud vert sombre, W et P, entrelacées avec élégance. Les mêmes initiales sont reproduites au dos de l'enveloppe assortie. L'écriture régulière, soigneuse et penchée, indique l'adresse de l'expéditeur : W. de Précenelle, 86, avenue Mozart, 75016 Paris.

Elle reconnaît immédiatement le nom de l'acquéreur du sautoir Alhambra en lapis-lazuli dont Madame Girard lui a révélé l'existence mardi dernier. Qu'est-ce que cela veut dire ? Elle se précipite pour lire la missive.

Knokke, le 10 janvier 1979

Chère Aimée,

Je t'écris depuis la côte belge où il fait un froid terrible. Même les Flamands sont perturbés par ces températures glaciales. De mon côté, je souffre un peu et regrette de n'avoir pas emporté les tenues appropriées.

J'ai entamé la tournée des appartements familiaux depuis deux jours. Il y a, comme je m'en doutais, beaucoup à faire avant la future saison. Tu ne peux pas imaginer combien le climat du Nord abîme les immeubles qui font face à la côte. Les bâtiments subissent les assauts du vent et des embruns salés plus de six mois de l'année.

J'ai fait signe à des amis d'enfance que je vais voir le week-end prochain. Cela me fera passer le temps que je trouve long sans toi. Je regrette que tu n'aies encore pu venir à Knokke, même quelques jours, pour découvrir une partie de mes racines paternelles.

Le décès de mon père rend les lieux plus tristes qu'ils ne l'étaient déjà. Je leur préfère la Provence, sa chaleur et son atmosphère poétique. J'espère t'emmener cet été à côté de la montagne Sainte-Victoire, dans la maison de ma grand-mère maternelle. Je crois t'en avoir déjà parlé : un coin de paradis caché au milieu des vignes.

De ton côté, j'imagine que les visites pour la vente du château d'Amenon battent leur plein. As-tu trouvé un acquéreur solide ? Est-ce que le vendeur est toujours aussi pénible à supporter ? Je te souhaite chance et réussite.

Donne-moi des nouvelles mon Aimée quand tu le pourras. Je n'ai pas encore pu réparer le téléphone de la grande maison et j'ai tenté de te joindre depuis une cabine téléphonique mais sans succès : tu devais être sortie ou déjà partie pour ces visites en Anjou.

Je t'embrasse tendrement,

Wandrilles

Agathe observe les autres enveloppes, toutes calligraphiées de la même écriture penchée et soignée. Voilà donc l'homme qui a offert à sa mère le collier Alhambra.

Mardi soir dernier, elle avait songé à se renseigner sur son adresse et sa vie actuelle sans prendre le temps de le faire mais maintenant, elle veut en savoir plus. Elle se saisit de son téléphone et tape son nom, Wandrilles de Précenelle, dans le navigateur Internet.

Dirigeant de société, 210 chemin du Château d'Alphéran, 13540 Puyricard, lui indique immédiatement l'outil de recherche. Elle cherche Puyricard sur le plan et découvre un village à quelques kilomètres au nord d'Aix-en-Provence, célèbre pour sa chocolaterie. Si la réponse l'éclaire sur son adresse, elle ne l'informe pas sur sa profession. Elle cherche encore un peu mais se fatigue à lire sur le petit écran dont la lumière lui fait mal aux yeux. Finalement elle repose le téléphone, soucieuse. Pourquoi sa mère a-t-elle conservé les lettres et le bijou offert par Wandrilles de Précenelle ? Que sa correspondance soit également datée de l'année 1979 ajoute à la confusion qui est la sienne depuis la lecture de la lettre de Paul, puis la découverte du sautoir offert en février 1979.

Elle reprend la lettre qu'elle vient de lire et remarque qu'elle ne dégage ni fougue ni saveur. Les sentiments y semblent policés, et si elle devine la tendresse et la douceur de son auteur, elle se demande si l'élégance du papier à lettres à en-tête, le soin de l'écriture et la précision du vocabulaire choisi, ne sont pas autant de façons de mettre à distance les sentiments profonds de son auteur. Comme souvent, Agathe ne se fie pas aux apparences.

En regardant les initiales W et P qui marquent le papier des enveloppes, elle réalise que ce sont les mêmes que celles de Paul Weber, mais inversées cette fois. Il y aurait de quoi s'y perdre et elle est frappée par ce coup du hasard. Avant de poursuivre sa lecture, elle décide de se servir un verre d'une bouteille de porto retrouvée dans le petit meuble qui servait de bar et qu'Aimée appelait en riant « l'armoire à poison ».

Le contenu de la correspondance de Wandrilles est dans la continuité de la première lettre : des descriptions détaillées du quotidien, des récits de voyage, l'évocation d'un dîner partagé avec sa mère… Le ton est pudique, l'écriture appliquée, l'élégance de mise. L'ensemble donne une impression de sécurité et de tranquillité. Les mots traduisent la stabilité et la fiabilité de leur auteur, mais Agathe ne peut s'empêcher de juger ces lettres ennuyeuses et presque mélancoliques.

Après avoir achevé la lecture de la dernière lettre, Agathe finit son verre. Elle s'interroge sur ce que sa mère pouvait trouver à un tel homme, elle si passionnée, toujours enflammée. Elle se questionne sur la nature de leur relation : qu'est-ce qui la liait à lui ? Incarnait-il à ses yeux un peu de son histoire familiale ? Avait-elle tenté, avec lui, de mener une vie plus classique et conforme à son éducation et son milieu ? Et surtout cet homme pourrait-il être son père ? Et si oui, en serait-elle heureuse ? En serait-elle fière ?

Elle se sent désorientée et trop seule pour y réfléchir. Il faudrait qu'elle puisse en parler, au moins avec Julie. Cela fait plus de trente ans qu'elle a pris l'habitude de ne pas trop songer à ces questions, et voilà que brusquement elle a le sentiment de devoir deviner qui parmi ces hommes pourrait être son père.

Devant ces questions sans réponse et dans le silence inquiétant de l'appartement, Agathe ressent plus fortement l'absence de sa mère. Son énergie, sa vigueur et sa gaieté auraient empli les pièces. Sa légèreté, qu'elle a toujours qualifiée de futile et d'inconséquente, qu'elle a tant détestée et méprisée, elle la regrette ce soir. Elle pense à la capacité qu'elle avait d'apprécier le plus petit bonheur de l'existence, même superficiel, et à sa façon d'échapper ainsi à la dureté de certaines réalités. Et si cette légèreté n'était ni un défaut, ni une faiblesse, mais un atout ? Ou tout au moins une ressource, une arme face aux difficultés ? Elle se surprend à reconsidérer son jugement.

Elle donnerait beaucoup, ce soir, pour partager avec elle un dîner et l'entendre discourir sur l'une des sorties culturelles qui occupaient son quotidien, la voir taquiner un serveur rougissant devant son assurance et la regarder profiter de chaque instant avec une joie simple et sincère.

Le téléphone d'Agathe vibre soudain. Elle décroche et entend avec soulagement la voix de Julie. En un rien de temps, elle s'épanche et lui raconte dans le détail les deux journées qu'elle vient de passer. Elle lui fait part de la lecture des lettres et de la découverte que leur auteur est aussi l'acquéreur du sautoir en lapis-lazuli. Elle confie son trouble et raconte l'adresse trouvée sur Internet en ajoutant qu'il ne peut y avoir de doute puisqu'il est peu probable que deux personnes portent un nom aussi singulier. Julie n'a pas le temps de répondre qu'Agathe enchaîne déjà pour lui décrire sa visite de l'atelier de haute joaillerie réalisée la veille au matin. Avec enthousiasme cette fois, elle lui dépeint les ouvriers, entièrement dédiés à leur art et les découvertes qu'elle a faites dans ce nouvel univers. Agathe évite cependant de donner à son amie la raison de sa visite. Pour cela, elle devrait lui parler d'Ashok, puisqu'il en est à l'origine, mais elle n'a pas envie de lui en faire part. Elle craint, en le citant, de le faire exister à travers des mots et de donner ainsi vie au désir qu'elle ressent et ne s'avoue qu'à moitié. Elle redoute aussi que son image ne se fasse plus précise encore dans son esprit et ne vienne alimenter les pensées qu'elle a, malgré elle, pour lui. Elle voudrait éviter de lui donner plus d'importance encore.

Comme toujours, Julie l'écoute patiemment, pose quelques questions qu'Agathe esquive avant de lui demander de raconter à son tour sa fin de semaine. Julie lui parle alors d'Athènes, et du dîner passé avec Léo sur la terrasse d'un restaurant de Kolonaki. Ils doivent prendre le ferry le lendemain matin pour rejoindre l'île d'Amorgos mais le Meltem souffle sur la mer Égée et elle craint qu'ils ne soient contraints de rester au port.

En l'écoutant, Agathe l'envie. Depuis combien de temps n'est-elle pas partie en vacances ? Julie lui fait promettre de programmer elle aussi des congés et lui suggère de passer quelques jours à Antibes. Ou bien de partir en Italie, à Florence par exemple, pour visiter à nouveau la galerie des Offices. Agathe la remercie de ses idées mais lui avoue se sentir épuisée sans avoir assez d'énergie pour se projeter. Elle pourrait en effet aller à Antibes rendre visite à Jacques, le vieil ami de sa mère qu'elle connaît depuis l'enfance, puis faire l'aller-retour en Italie depuis l'aéroport de Nice. En parler la réconforte, autant que d'avoir pu confier ses états d'âme à son amie : elle raccroche plus apaisée.

En se servant un deuxième verre de porto, elle repense au voyage en Grèce qu'elle a fait avec sa mère l'été de ses 13 ans. Les images de l'Acropole et du Parthénon sont nettes et précises dans sa mémoire. Elle se souvient de son émotion en découvrant les cariatides au petit matin, sur la colline déserte, avant l'affluence de touristes. Lui reviennent aussi les sons et les odeurs des quartiers qu'ils avaient arpentés – Monastiráki, Anafiótika, Pláka –, la chaleur ressentie en marchant dans les ruelles blanches, les vieux postes à cassettes qui diffusaient des airs entêtants, les silhouettes de chats faméliques qui glissaient le long des murs chaulés, le parfum du café mêlé à l'odeur de friture et de poisson grillé. Elle revoit sa mère au bras de son compagnon de l'époque, un Latino-Américain se souvient-elle, grand, sec, avec des yeux bleus qui contrastaient avec ses cheveux noirs. Son prénom, Esteban, lui revient tout à coup. C'est étrange pour elle de replonger dans ces pans du passé qu'elle revisite si peu.

D'Athènes, ils avaient ensuite voyagé vers Mykonos où elle se rappelle avoir vu pour la première fois un pélican. Un ferry les avait ensuite conduits vers l'île d'Ikaría pour satisfaire une envie de sa mère qui rêvait d'y aller. Elle avait lu, dans un article du *National Geographic*, qu'il s'agissait de l'un des trois endroits au monde abritant le plus grand nombre d'habitants centenaires.

Poussée par la curiosité de découvrir ce mystérieux lieu de jouvence, elle avait organisé la visite de cette île reculée et préservée du tourisme. Agathe revoit avec précision les hameaux perchés à flanc de montagne, les routes sinueuses et mal entretenues au bord de pentes vertigineuses, les perspectives à couper le souffle sur la mer Égée, l'aridité des terres brutes et les troupeaux de chèvres qui tentaient d'arracher quelques feuilles aux arbustes.

Le deuxième jour, ils avaient rencontré les fameux centenaires, qui semblaient joyeux et en excellente santé, conversant dans la mer de l'eau jusqu'à la taille, ou installés aux terrasses des tavernes, à moins qu'ils ne s'apprêtent à aller festoyer à l'occasion des *panigyria,* ces fêtes traditionnelles célébrant les saints et les grandes dates religieuses qui avaient lieu presque chaque soir dans les différents villages de l'île. L'article avançait justement que la clé de la longévité tenait à ce mélange équilibré de joie, de vie sociale, d'activité physique et de régime méditerranéen composé de légumes, d'huile d'olive et de poisson grillé.

Mais passé quatre jours, la curiosité d'Aimée s'était tarie. Sa mère tout craché ! Elle se lassait vite, avait besoin de changement, de renouvellement, de surprises et par-dessus tout d'éclat et de panache. Le bel Esteban lui-même avait dû perdre de sa superbe à ses yeux après le voyage car il n'avait plus reparu chez elles une fois les vacances finies et Agathe n'avait plus jamais entendu parler de lui.

Rien n'était assez beau, assez palpitant, assez brillant pour ma mère, se dit-elle en reposant son verre. Elle passait son temps à courir après de faux espoirs, éternelle insatisfaite.

Est-ce que je ne serais pas comme ça moi aussi ? À ma façon ? se demande-t-elle soudain. Peut-être, puisque je suis toujours en quête du meilleur et que je juge sans cesse tout le monde…

Attristée par ses pensées, fatiguée par les émotions qui la secouent, elle décide de dormir là pour être à pied d'œuvre le lendemain et achever son travail. À peine allongée sur le lit de sa mère, elle s'endort en espérant avoir l'esprit plus clair au réveil.

9.

Quatre jours plus tard, mercredi soir, à la fin de sa journée de travail, Agathe court se réfugier au Louvre en espérant y retrouver son calme.

Le musée est ouvert en nocturne et elle a l'habitude d'y trouver un silence apaisant mais c'était sans compter la période estivale. Ce soir, les couloirs et les galeries sont peuplés des touristes qui affluent en masse au début du mois d'août, visiteurs d'un jour si divers, certains préoccupés de tout photographier, d'autres désireux de parcourir le plus grand nombre de salles possible, d'autres encore plongés dans un dialogue avec une œuvre qui aura accroché leur regard.

Les pas d'Agathe la conduisent vers son lieu de prédilection, la galerie des Primitifs italiens, puis la mènent jusqu'à un tableau qu'elle aime particulièrement : une œuvre de Ghirlandaio qui exprime la tendresse et la douceur dont elle a besoin ce soir. Un vieil homme vêtu de rouge, patricien florentin sur la fin de sa vie, se penche avec affection vers le jeune enfant qu'il tient dans ses bras et qui le regarde en retour avec admiration.

Les pigments rouges de la peinture *a tempera* captent immédiatement son regard, et ce, avec la même intensité que lorsqu'elle a découvert ce tableau pour la première fois quand elle était enfant. « Le temps n'a pas de prise sur les couleurs et leur force », se dit-elle en appréciant la scène qui se tient sous ses yeux. Elle revoit cette peinture avec le plaisir qu'elle aurait à retrouver une vieille connaissance ou un ami d'enfance. Tout lui est familier, tout lui est plaisant. Elle savoure les détails qu'elle connaît et qu'elle aime tant, et retrouve avec émotion les expressions des personnages saisies par le peintre.

Le vieil homme et l'enfant, renommé récemment *Portrait d'un vieillard et d'un jeune garçon*, indique le cartel. Peu importe le titre ! Pour Agathe, la sincérité des émotions qui se dégagent du tableau est tout ce qui compte.

Mais qui est le vieillard dépeint avec tant de réalisme ? S'agit-il du grand-père et de son petit-fils ? D'une allégorie de la vieillesse et de la jeunesse ? Du premier et du dernier âge de la vie ?

Le cartel ne le dit pas et Agathe sait que même l'historien d'art ne peut que supposer : le contexte de création de cette œuvre du Quattrocento italien, datée des environs de 1490, étant trop obscur encore.

Elle revient à la toile : les rides, les cheveux gris et le nez déformé par les verrues du vieillard contrastent avec la pureté angélique du petit garçon mais ne le rendent pas laid pour autant. Au contraire, le lien unissant les deux personnages n'en paraît que plus fort et la bonté du patricien plus intense. Derrière les protagonistes, la fenêtre découpe un paysage classique de la Renaissance italienne : un chemin sinueux dont les boucles accentuent l'effet de perspective ; quelques arbres espacés ; une colline et une église à flanc de coteaux.

Agathe ne se souvient pas exactement de l'âge qu'elle avait lors de sa première découverte de ce tableau, 10 ou peut-être 11 ans. Sa mère l'avait emmenée visiter cette galerie après lui avoir montré des sections plus abordables pour une fillette : les antiquités égyptiennes, les armures et couronnes du Moyen Âge, la célèbre salle des sculptures. Agathe était épuisée mais la vision de ce tableau l'avait marquée.

Depuis, Agathe est souvent venue se ressourcer et trouver la paix devant cette peinture qui lui fait l'effet d'un baume. Même le parcours qu'elle emprunte pour rejoindre la galerie située au premier étage de l'aile Denon est un apaisement pour elle. La montée des marches en pierre, le bruit de ses pas sur les parquets, le décor somptueux des plafonds, tout concourt à sa quiétude et sa sérénité.

Elle se sent chanceuse aujourd'hui que sa mère lui ait donné l'habitude de fréquenter les musées depuis son enfance. Elle-même avait baigné dans l'art et n'avait eu de cesse de visiter collections et galeries avec son père – ce grand-père qu'Agathe regrette de ne pas avoir connu. Il est à l'origine de la passion pour l'art qui s'est transmise dans la famille, jusqu'à elle qui en a fait le cœur de son métier.

Agathe est plus tranquille à la fin de la galerie, comme si les visages dépeints par Lippi ou Giotto avaient calmé son agitation et l'avaient aidée à remettre de l'ordre dans ses pensées. Elle en avait besoin tant elle était troublée. En effet, plus tôt dans la journée, elle a reçu un email de Madame Girard lui annonçant la valeur des bijoux qu'elle lui a confiés. Son message l'a plongée dans une confusion extrême, augmentée par l'émotivité et la fatigue accumulées durant les dernières semaines.

Pour relire ces informations avec sérénité, Agathe choisit d'aller dîner au plus près, à la terrasse du Café Marly, sous la colonnade de l'aile Richelieu. Une fois installée, elle sort son téléphone et reprend le message de la directrice du patrimoine. Cette dernière est souffrante et s'excuse de ne pouvoir la recevoir, ni même l'appeler. Agathe éprouve de la gratitude pour Madame Girard qui prend le temps de lui écrire en dépit de son état ; elle s'explique son amabilité par les affinités qu'elles se sont découvertes au cours de leurs derniers entretiens. Elle a même eu la gentillesse de lui envoyer une liste détaillée d'informations sur les bijoux, qu'Agathe relit à présent :

Collier Alhambra 20 motifs, or jaune, diamants, lapis-lazuli, 1979.

Acquéreur : Wandrilles de Précenelle.

Valeur estimée : 40 000 €. La Maison est intéressée pour reprendre le bijou.

Collier Alhambra 20 motifs, or jaune et onyx, 1973.
Acquéreur : Aimée Valmy de Bézieux.
Valeur estimée : 20 000 €.

Lot de six broches animalières, or jaune, diamants, émeraude, rubis, onyx, 1955, 1956, 1957.
Acquéreur : Odette Valmy de Bézieux.
Valeur estimée : de 6 000 à 8 000 € pour chaque broche. Je pense que la Maison se proposera pour racheter le lion, le chat et le bélier.

Parure de fiançailles [collier, motifs d'oreilles et bague], perles, platine, diamants, 1949.
Acquéreur : Hugues Valmy de Bézieux.
Valeur estimée : 300 000 €. La Maison souhaite reprendre cette parure.

Bracelet dit « Touch Wood », ébène, platine, diamants, 1919.
Acquéreur : Lucien Beckershoff.
Valeur estimée : 10 000 €. La Maison serait intéressée de racheter cette pièce également.

Bague solitaire or jaune, rubis de Birmanie de 10,43 carats, 1968.
Acquéreur : A. Voïevodski.
Valeur estimée : de 1 500 000 € à 1 900 000€. La pierre de centre doit passer au Département Pierres pour

finaliser la certification et donner une juste estimation. Nous avons mis du temps à retrouver les informations sur le bijou car son année de création est 1968 et non 1980 comme l'indique la gravure, qui est postérieure. La Maison se positionne.

Madame Girard conclut en rappelant que les estimations sont encore indicatives et restent pour le moment sans engagement. Fiévreuse, Agathe récapitule que la directrice offre de reprendre toutes les pièces hormis trois broches et le collier en onyx. Surtout, elle annonce que la bague de sa mère s'avère être d'une valeur inouïe, telle qu'elle ne l'aurait jamais imaginée. Elle savait que les rubis birmans, de cette célèbre couleur dite « sang de pigeon », étaient rares et recherchés car les mines de la vallée de Mogok sont désormais taries, mais jamais elle n'aurait imaginé que les prix puissent s'envoler à ce point. Des montants plus élevés que ceux d'un diamant du même nombre de carats.

Elle calcule mentalement la somme des chiffres mentionnés et se sent prise à nouveau d'un vertige tant le total dépasse tout ce qu'elle imaginait.

Agathe recompte encore, cette fois à l'aide de son téléphone, et obtient un montant de 1 900 000 à 2 400 000 euros. Elle ne peut s'empêcher de frémir d'excitation et d'une étrange terreur à la vue du chiffre affiché sur l'écran. Serait-ce possible ?

Elle se reprend soudain. « Ce ne sont que des estimations avec leurs lots d'erreurs possibles, et de surcroît celle de la bague n'est pas achevée. Madame Girard l'a bien précisé », se répète-t-elle. Elle a cependant du mal à s'empêcher de penser que son projet d'achat d'étude pourrait finalement voir le jour et de surcroît à Paris…

Agathe a aussi découvert les noms des acquéreurs dont certains qu'elle ne connaît pas : A. Voïevodski et Lucien Beckershoff, sans doute d'origine russe et germanique, déduit-elle.

Elle est surtout intriguée par cet A. Voïevodski qui a fait don à sa mère de cette bague extraordinaire. Pourquoi Madame Girard n'a-t-elle pas précisé son prénom ?

Elle qui croyait tout savoir de la vie d'Aimée et lui reprochait d'étaler sa vie intime, elle se rend compte que finalement elle est loin de tout savoir et que sa mère avait bien une part secrète.

En attendant d'être servie, Agathe croque un morceau de pain et tape A. Voïevodski dans la barre de recherche de son téléphone. Surprise : une photo apparaît immédiatement et Agathe découvre un homme aux cheveux bouclés blond cendré, aux yeux bleus et aux lèvres fines, dans un costume bleu marine. Le cliché apparaît avant une série d'articles internationaux et porte la légende « Alexandre Voïevodski, curator ». L'homme se prénomme donc Alexandre et serait commissaire d'exposition. En les parcourant, elle constate qu'il travaille dans l'art contemporain et semble plutôt actif : il est notamment l'auteur d'expositions à Venise, Copenhague, Miami, Los Angeles, Toronto, Tokyo ou Pékin... Elle essaye de trouver sa biographie et découvre qu'il a travaillé un temps pour la Fondation Cartier pour l'art contemporain à Jouy-en-Josas. Elle repense alors aux nombreux catalogues de la même institution qui se trouvent dans la bibliothèque de sa mère et se demande si Aimée ne l'aurait pas, justement, rencontré là.

Le serveur apporte une salade agréablement présentée qu'elle mange sans tarder, tout en continuant à consulter son téléphone pour chercher cette fois des informations sur Lucien Beckershoff qui a acheté le bracelet en bois qu'elle apprécie particulièrement.

Au vu de la date à laquelle il a acquis le bijou, 1919, il a dû faire partie de la génération de ses grands-parents. Internet la renseigne encore, cette fois via un site collaboratif dédié à la généalogie qui lui apprend qu'un certain Lucien Beckershoff est né à Colmar en 1901 et a épousé en 1920 Germaine Muller, née à Strasbourg en 1903. Tous deux ont eu une fille, Marguerite Beckershoff, en 1921 à Saint-Germain-en-Laye mais sa trace semble se perdre par la suite. Agathe se demande si c'est bien l'homme qu'elle cherche, mais les dates ont l'air de correspondre.

Pourquoi Agahe n'a-t-elle jamais entendu parler de lui non plus ? Avait-il des liens avec ses grands-parents ?

Si Aimée était là, elle pourrait peut-être lui donner des explications. Comment faire pour trouver plus d'informations et comprendre comment ce bracelet a pu arriver au bras de sa mère ? Comment faire sans Aimée ? De plus en plus, son absence se fait sentir. Agathe sent la tristesse l'envahir et réalise combien l'expertise des bijoux de sa famille a pris une tournure bien différente de ce qu'elle avait envisagé. Si les archives du joaillier offrent des explications sur des parts d'ombre de la vie d'Aimée, elles laissent aussi bon nombre de questions sans réponses.

Ce Wandrilles de Précenelle par exemple, l'acquéreur du collier offert à Aimée et l'auteur d'une série de lettres conservées par sa mère, quel rôle a-t-il joué dans la vie d'Aimée pour qu'elle garde ses courriers et son bijou ?

Et qui était cet Alexandre Voïevodski pour elle ? Pourquoi lui avait-il offert cette bague d'une telle valeur ? Et Aimée connaissait-elle le prix de ce qu'elle portait ? Si elle a vendu une partie de la collection de sa famille, pourquoi ne l'a-t-elle pas fait pour ses bijoux ? Que représentaient-ils pour elle ?

Tout en repoussant son assiette, Agathe regarde les lampadaires s'allumer dans l'enceinte élégante du Louvre. Leurs lumières se reflètent dans les parois vitrées de la pyramide et les bassins d'eau qui la bordent. Tout autour, des couples de touristes se prennent en photo, amoureux et joyeux. En les observant, elle a une pensée pour Ashok, comme elle en a eu à plusieurs reprises ces derniers jours.

Elle se demande où il se trouve en ce moment. Ici, à Paris ? Ou alors en voyage d'affaires ? À moins qu'il ne soit parti en vacances ? Il n'est pas marié lui a dit Madame Girard, mais peut-être est-il en couple.

En lisant finalement sa carte de visite, elle a pu découvrir avec étonnement l'indicatif suisse de son numéro de téléphone portable et en a donc déduit qu'il y vivait et que c'était de là qu'il tenait ce léger accent chantant qui l'avait tant intriguée.

Elle y a aussi lu son titre : Funder and Chief Executive Director – ASD Software Ltd, une entreprise dans le secteur de l'informatique et du conseil, a-t-elle compris en cherchant sur Internet et en découvrant des termes qui ne lui sont pas familiers, comme les technologies d'infrastructure, les services d'externalisation des processus métier ou encore l'intégration de systèmes.

Chamboulée par ses récentes découvertes et peut-être un peu enivrée par l'émotion et la fatigue, Agathe est soudain saisie par l'envie de lui écrire. Elle le voudrait mais elle hésite. Que dire ? Comment faire ? Elle a si peu l'habitude.

Une idée la traverse soudain. Elle la chasse mais y revient en se disant qu'elle ne prendrait aucun risque à lui envoyer une photo.

Après avoir retrouvé sa carte de visite, bien rangée cette fois dans son sac, elle compose son numéro, choisit la photo du tableau de Ghirlandaio qu'elle a contemplé une heure auparavant et l'accompagne de deux courtes phrases qu'elle tape vite :

« J'irai voir les pierres du Muséum une prochaine fois.
Bonnes vacances !
Agathe »

À peine a-t-elle fait partir le message qu'elle le regrette déjà : il est trop abrupt, mal formulé. Et puis envoyer une photo est en fait très intime… Comment a-t-elle pu faire ça ? Elle passe de longues minutes à essayer de retrouver son calme. Elle tente de respirer et s'apprête à ranger son téléphone quand la réponse d'Ashok arrive et la fait sursauter.

« Merci chère Agathe.
Magnifique peinture ! Tout est superbe dans cette galerie des Primitifs !
Bonnes vacances à vous aussi,
Ashok »

Le cœur battant, elle relit le message, partagée entre gêne et effroi. Qu'a-t-elle fait ? Elle se sent soudain idiote et dépassée. Ça ne lui ressemble pas, elle qui a l'habitude de rester en retrait et de tout maîtriser.

Mais peu à peu un goût amer lui monte en bouche : la déception de constater qu'elle a échoué à ouvrir la conversation et que leur échange risque de s'arrêter là. En colère et attristée, elle décide de rentrer chez elle et d'oublier cette erreur.

Sans attendre que le serveur lui apporte l'addition, elle laisse deux billets sur la table, amplement suffisant, pense-t-elle, se lève, longe la colonnade, passe sous l'aile Richelieu et arrive rue de Rivoli. Sérieux et solennel, le Conseil d'État lui fait face de l'autre côté de l'esplanade, déserte ce soir. Elle le regarde un instant, il lui semble qu'il la juge, puis elle secoue vivement la tête pour se reprendre avant de plonger dans la bouche de métro.

10.

Dans l'appartement de sa mère, ne reste plus que la vieille bergère cassée sur laquelle Agathe est assise. Elle vient de voir partir les derniers meubles qui ont été vendus auprès d'un antiquaire. Leur départ laisse au sol de nombreux moutons de poussière qui donnent aux pièces un air plus vide encore. Elle contemple l'ensemble avec une tristesse inattendue. Si elle est soulagée de constater le travail accompli en temps et en heure, la fin de l'immense liste de choses à faire laisse maintenant la place à un sentiment de nostalgie.

Dans deux jours elle remettra les clés à l'acquéreur de l'appartement. Lundi 11 août, ce lieu ne sera plus le sien. Si elle a souhaité ce moment plus que tout, elle a maintenant la gorge serrée en réalisant qu'elle passe les derniers instants dans cet endroit où se sont tenus tous ses souvenirs d'enfance. Elle se surprend à regretter de le quitter et essaye de se rassurer en se répétant qu'elle a fait l'unique choix possible. Et puis à quoi bon ressasser le passé ?

Demain, la femme de ménage passera un dernier coup de balai avant de déposer le double de la clé chez Ludovic. Agathe a demandé à son ami notaire de gérer seul la remise des clés à l'acheteur – elle ne peut aller jusque-là et ne souhaite pas être présente.

« La page est déjà assez lourde à tourner comme ça », lui a-t-elle confié en le remerciant par avance, reconnaissante d'avoir un ami qui lui soit si dévoué.

En ce qui concerne la succession, la majeure partie de ses démarches a abouti. Les meubles, comme les dernières œuvres, ont trouvé acquéreurs. Elle a réussi à garder les studios d'Antibes et de La Baule qu'elle doit mettre en location pour en assurer l'entretien. Voilà ce qu'elle garde, bien assez. Elle est contente à l'idée de pouvoir continuer à s'y rendre et se trouve chanceuse de devenir propriétaire à son âge. Concernant les bijoux enfin, la plupart d'entre eux sont repris par Van Cleef & Arpels. Après réflexion, elle a décidé de conserver le bracelet en ébène dont les lignes sobres et la matière noble et rare lui plaisent particulièrement. Et puis elle ne l'a jamais vu sur sa mère ce qui lui rend plus facile l'idée de se l'approprier et de le porter elle-même. Elle se rend compte aussi qu'elle est heureuse de garder ainsi un souvenir d'Aimée. Concernant la fameuse bague, Agathe attend toujours sa certification avant de pouvoir la vendre, soit au joaillier, soit aux enchères.

Ses pensées tournent et lui semblent résonner dans sa tête, à moins que ce ne soit dans l'appartement désormais vide. Il est temps de rentrer chez elle, rue Bourdaloue et alors qu'elle s'apprête à partir, au moment de se lever, elle aperçoit à ses pieds son grand sac d'où dépasse la correspondance de sa mère qu'elle y a glissée avant que le buffet ne soit emporté.

Elle se dit qu'il serait à propos de déchiffrer les lettres qu'elle n'a pas lues encore, là, dans l'appartement de sa mère, rue Jacob. Elle sent aussi que c'est le bon moment pour elle et que bientôt, il sera l'heure de clore toute l'histoire de sa mère.

Elle déplie la première missive et, pressée d'en finir, se rend directement à la fin du courrier pour en connaître l'auteur. En déchiffrant la signature, elle lâche un cri étouffé : Alexandre V.

Invraisemblable ! pense-t-elle en faisant aussitôt le lien avec l'acquéreur de la bague, Alexandre Voïevodski.

Elle souffle pour se concentrer et commence à lire les lettres posées sur ses genoux. Son intuition est confirmée dès qu'elle lit les références que fait l'auteur à une exposition qu'il dit avoir organisé à la Fondation Cartier. À toute vitesse, Agathe parcourt les nombreux feuillets qui s'éparpillent progressivement autour d'elle. De toutes les lettres conservées par sa mère, il s'agit sans aucun doute de la correspondance la plus importante.

L'énergie et l'originalité de cet homme, tout comme son ton emphatique, la surprennent et la déconcertent.

Mon cœur est une sorte de bouillie où se pressent les sentiments les plus contradictoires. Je suis mortifié de ne plus te voir et transporté à l'idée de rejoindre New York dans quelques heures pour mener ce projet d'exposition sensationnel.

Comme tout revient en ce bas monde où tournent les roues du temps et du destin, l'occasion me sera donnée à nouveau de te revoir, et je lui tordrai le cou…

Plus loin encore, elle lit le nom d'artistes qu'elle ne connaît pas.

C'est à pleurer de splendeur. Lev Atamanov réussit là où personne n'a triomphé et rend aux couleurs sur la toile leur fraîcheur lustrale. C'est une peinture nouvelle, possédée du démon et fulgurante…

Parmi les tournures lyriques et les expressions hyperboliques, certaines phrases sonnent comme des préceptes de vie :

Le temps est la seule richesse, l'unique étoile à décrocher.

La vie est une rivière de diamants.

Agathe ne peut s'empêcher de le juger, à la fois fascinée et gênée par cet étalage de sentiments. Elle y découvre aussi des analyses énigmatiques de personnalités qu'elle connaît, comme ce peintre américain de l'expressionisme abstrait, Philip Guston, dont l'auteur dit qu'il est :

un artiste comme on les aime, brisé et libre, qui offre une fresque désespérée et somptuaire sur la nécessité de se fuir soi-même et de chercher une impossible rédemption.

Elle n'est pas certaine de pouvoir évaluer la portée de ces analyses artistiques. Plus loin encore, l'homme mentionne une femme dont Agathe se demande si elle était son épouse. Mais alors dans ce cas, qui était Aimée pour lui ?

Avital a jeté le trouble dans mon cerveau embrumé. Je proposais la semaine passée de partir tous ensemble début avril alors qu'elle parlait de la deuxième quinzaine et je confirme les dates tandis que sa deuxième quinzaine remonte stupidement à la surface. Mais c'est bien la première quinzaine ! Il est temps que j'aille me coucher mais avant ça, je te répète ceci : je pense que tu es tout sauf impolie mais que tu as l'habilité d'espacer nos rencontres pour mieux les savourer.

En découvrant ces lettres, elle s'imagine la vie que menait sa mère et se demande, par exemple, si elle s'est rendue au concert auquel il l'avait invitée :

Allons écouter cette chanteuse russe qui est, paraît-il, remarquable et qui de surcroît incarne l'âme de mes ancêtres.

Je me réjouis de te retrouver très vite avec ton plus beau sourire.

L'assurance et la fougue qui se dégagent de ses courriers l'emportent elle-même et elle passe bientôt à toute allure d'une page à l'autre, d'un paragraphe au suivant, sans plus savoir ce qu'elle cherche.

Sans enveloppe, les lettres sont réunies entre elles et ne sont pas datées, hormis une seule, cachetée le 10 avril 1979 et dont le contenu parle d'un projet d'exposition « Paris-Moscou » en préparation au Centre Pompidou.

En se basant sur les expositions et sur les foires d'art citées, Agathe tente de trouver des indications temporelles qui lui permettraient de remettre les lettres dans leur ordre chronologique et de déterminer la durée de cette correspondance, mais c'est peine perdue car les courriers semblent se mélanger et les périodes se croiser.

Elle n'arrive pas à comprendre à quel rythme ils se rencontraient, ni dans quelles villes. D'ailleurs, où se trouvait sa mère en avril 1979 ? Et à quoi occupait-elle son temps hormis à des transactions immobilières ? Que s'est-il réellement passé entre sa mère et Alexandre ? Ont-ils été amants ?

Elle essaye d'imaginer ce qu'Aimée pouvait ressentir en recevant ces lettres et replante le décor. En 1979, Aimée avait 28 ans. Si elle était issue d'une famille de la noblesse française au sein de laquelle elle avait acquis une éducation et une culture générale solide, elle s'était aussi construite dans l'émancipation des années 1970. Elle avait un profil classique, mais s'était laissée emporter par son époque.

C'est sûr, pense Agathe, le tempérament passionné de cet homme a dû la séduire.

Elle repense aussi à son brillant parcours professionnel, lu dans sa biographie, et se dit que sa mère ne s'était pas trompée sur son intelligence. Elle se surprend à l'admirer elle-même. Après tout, il a été amené à côtoyer des artistes renommés, comme Pollock et de Kooning, et à concevoir des expositions qui ont marqué l'art contemporain.

Mais d'où venait-il ? Était-il né en Russie ? En France ? Serait-il issu de ces familles russes exilées pendant la révolution de 1917 ? L'article sur Internet ne le précisait pas et aucune de ses recherches ne lui a appris son lieu de naissance ni son âge exact.

Agathe comprend vite que des trois hommes dont elle a découvert l'existence, il est le seul qu'elle ait envie de rencontrer. À la curiosité suscitée par la lecture de sa correspondance vient s'ajouter la valeur de la bague qu'il a offerte à sa mère. Et puis, la proximité de leurs centres d'intérêt professionnels, la similitude de leurs goûts artistiques et sa personnalité flamboyante, tout l'attire.

Arrivée à la fin de la correspondance, Agathe réunit les lettres et reforme le paquet à l'aide du ruban.

Une autre pensée la traverse évidemment mais elle n'ose s'y attarder. Pourrait-il lui aussi être son père ?

Elle s'efforce de tracer un tableau clair de la situation :

En 1979, Paul Weber, Wandrilles de Précenelle et Alexandre Voïevodski ont tous trois correspondu avec sa mère. Wandrilles et Alexandre lui ont chacun offert un bijou.

De tous les hommes que sa mère ait connus, ils sont les seuls dont elle ait conservé les courriers et les cadeaux dans un coffre.

Considérant que 1979 est l'année de sa conception, Agathe ne peut que se rendre à l'évidence : sa mère a sûrement conservé ces échanges épistolaires et ces bijoux parce qu'ils datent de l'année précédant sa naissance. Peut-être qu'Aimée ne savait-elle pas lequel des trois était son père ? Ou peut-être le savait-elle mais ne voulait-elle pas se séparer du souvenir des autres ? Agathe est perdue. Elle a beau fouiller dans sa mémoire, elle ne se souvient d'aucun d'eux et n'a pas le moindre souvenir de sa mère lui parlant de l'un d'eux.

Quelles relations sa mère a-t-elle entretenues avec chacun de ces hommes ? Aurait-elle pu sortir avec les trois en même temps ? Duquel d'entre eux était-elle amoureuse ? Et pourquoi avoir conservé la trace de ces trois relations ?

Toutes ces questions lui font tourner la tête et suscitent une étrange angoisse qui lui tenaille le ventre. Elle n'en peut plus de réfléchir et de buter sur des énigmes. Elle voudrait téléphoner à Julie mais se ravise en se disant qu'elle doit tenir bon. Elle ne peut pas l'appeler à chaque fois qu'elle se sent seule. À qui d'autre pourrait-elle se confier ? Elle ne voit pas. Même son ami Ludovic ne serait pas la bonne personne et chercherait tout de suite à lui proposer des solutions sans écouter la peine que lui cause cette situation. Elle se sent seule et lourde de questions. Elle ravale les larmes qu'elle sent monter et se décide à partir.

Mais même s'en aller lui pèse. Elle n'aurait pas pensé être triste de laisser cet endroit et c'est pourtant le cas ce soir. Quitter l'appartement de la rue Jacob signifie abandonner derrière elle tout un pan de sa vie. Au-delà de la mémoire d'Aimée, c'est un morceau de son enfance, de son adolescence et de ses années d'étudiante.

Elle se raisonne finalement et se lève. « Il y a des moments où l'on est fondamentalement seul, pense-t-elle. Même si j'étais accompagnée, je devrais affronter par moi-même la nécessité de tourner cette page de ma vie. »

En enfonçant la clé dans la serrure, elle ressent soudain au milieu de sa tristesse une pointe d'espérance. « Ce moment est à la fois une fin et un début », décide-t-elle en fermant la grande porte pour la dernière fois.

11.

Un mois a passé et les retrouvailles d'Agathe et Julie s'accompagnent d'exclamations de joie après des semaines de vacances qui ont paru longues à chacune. Elles n'ont pas l'habitude d'être séparées si longtemps et elles sont heureuses de se retrouver en ce dernier dimanche d'août. Elles se sont donné rendez-vous après le cours de yoga de Julie, rue des Vinaigriers, non loin du canal Saint-Martin.

Les deux amies se tombent dans les bras et se dirigent vers le canal pour aller dîner. Il fait doux, la température est agréable et la lumière dorée, légèrement déclinante, perd la force de son éclat, annonçant les prémices de l'automne. Une légère mélancolie flotte dans l'air et semble ralentir les gestes, comme si chacun cherchait à rappeler et retenir la force du soleil d'été qui s'en va chaque minute un peu plus.

Des jeunes gens assis en tailleur sont répartis le long des quais par petits groupes, buvant des bières et du rosé dans des verres en plastique. Les accords d'une guitare viennent se fondre parfaitement dans le tempo ralenti de l'atmosphère.

Une fois le restaurant atteint, Julie se lance dans le récit de ses vacances et des événements qui se sont produits. Elle raconte par le détail la brutalité de sa rupture avec Léo qui lui a annoncé vouloir la quitter, de but en blanc, seulement quelques jours après leur retour de Grèce.

— C'est toujours incompréhensible pour moi, raconte Julie. Il est arrivé au café et il m'a annoncé que c'était fini entre nous. J'étais tellement abasourdie que je n'ai pas su comment réagir, explique-t-elle, encore ébranlée à l'évidence. Je me suis effondrée en larmes. Il s'est levé et m'a quittée en disant qu'il ne supportait pas de voir les gens pleurer. Quand on s'est reparlé plus tard au téléphone, il m'a simplement dit qu'il s'était rendu compte qu'il n'était pas amoureux, qu'il n'avait pas de vrais sentiments pour moi et préférait ne pas mentir ni me faire souffrir.

« Quel égoïste ! pense Agathe en observant le visage de Julie avec inquiétude. Elle est furieuse contre cet homme inconstant. Comment peut-il partir en vacances en se disant amoureux et quitter son amie quelques jours après en expliquant ne pas avoir de sentiments ? Comment peut-on changer d'avis en si peu de temps ? Quelle inconséquence ! Quel manque de maturité ! »

Cette rupture inattendue laisse Julie dans le désarroi et interroge Agathe sur la part de responsabilité de son amie qui enchaîne les déceptions amoureuses. « Ne choisirait-elle pas toujours les mêmes profils d'hommes ambivalents ? » se demande-t-elle sans oser le formuler. Elle essaye plutôt de lui remonter le moral en l'invitant à tourner la page et à oublier Léo : il ne mérite pas que tu le regrettes. Tu es merveilleuse et tu vas vite te relever, j'en suis sûre.

— Parlons d'autre chose ! l'invite alors Julie en ravalant ses larmes et en l'interrogeant sur la vente de ses bijoux de famille et sur ses projets professionnels.

Agathe est surprise mais n'insiste pas. Elle lui montre alors son poignet orné du bracelet « Touch Wood » en ébène et en diamants en expliquant qu'il est le seul bijou de sa mère qu'elle ait choisi de garder. Julie le contemple tandis qu'Agathe lui détaille les six bijoux qui sont repris par le joaillier pour une somme avoisinant les 400 000 euros. La certification de la bague tarde à arriver ; elle n'en connaît toujours pas la valeur définitive mais selon toute vraisemblance, elle sera amplement suffisante pour acquérir une étude à Paris. À cette annonce, elle lit dans le regard de son amie un enthousiasme sincère avant que cette dernière ne s'exclame :

— C'est génial ! Génial ! C'était ton rêve ! Je suis si heureuse pour toi !

— Oui et cette fois je suis prête à l'assumer. Auparavant, je cachais mes peurs derrière des impossibilités mais là, je suis certaine de me lancer pour de bon et de prendre une étude à mon nom.

J'ai aussi besoin d'un nouveau projet, qui soit à moi. L'expertise des bijoux m'a poussée plus vite que je ne le pensais. Et puis la dernière fois que j'ai rencontré la directrice du patrimoine de Van Cleef & Arpels, j'ai réalisé que je ne voulais pas faire toute une carrière en tant que salariée et regretter un jour de ne pas avoir tenté de réaliser mon rêve. Je te promets, ça a été une révélation. Si je ne me jette pas à l'eau, je vais m'en mordre les doigts, je le sais. Et puis, je dois sauter le pas.

— Bravo ! Et c'est un sacré pas ! Je suis certaine que tu vas réussir brillamment !

— Merci ! Mais il va d'abord falloir que je trouve la bonne opportunité. Les offres sont rares, et dans ce milieu d'hommes, je vais aussi devoir convaincre les commissaires de revendre leur charge, leur clientèle et leur carnet d'adresses à une femme. Et seule de surcroît. Gérer des successions individuelles suppose d'entrer dans l'intimité des familles et de vivre parfois des situations confidentielles. Je vais être amenée à développer une grande dimension humaine, sans pour autant laisser tomber les secteurs de l'art contemporain et du design. Je voudrais faire les deux.

Agathe parle maintenant avec passion et enthousiasme et pourrait continuer encore longtemps, mais elle est interrompue par son téléphone qui vibre dans son sac. L'écran affiche « numéro inconnu » et elle décroche sans se poser de question, prise par le feu de son excitation. Celle-ci monte encore d'un cran quand elle reconnaît dans l'appareil la voix d'Ashok et son accent si particulier. C'est la première fois qu'il l'appelle et elle est si déconcertée qu'elle bafouille lorsqu'il lui demande naturellement des nouvelles de ses vacances d'été. Elle lui renvoie la question en essayant de reprendre ses esprits, embarrassée d'avoir cette conversation face à Julie à qui elle n'a jamais dit un mot de cet homme. Elle se lève en faisant mine d'être gênée par le bruit du restaurant et sort sur le trottoir. Là, elle retrouve un peu d'aplomb et après lui avoir parlé de son voyage à Florence et des musées qu'elle y a visités, elle ose lui demander ce qui lui vaut le plaisir de son appel.

— Je serai à Paris mi-septembre, vraisemblablement les 15 et 16 septembre, et je voudrais vous proposer de prendre un verre si vous êtes là.

— Oui, bien sûr, avec plaisir, répond Agathe qui a soudainement très chaud.

— Bien, alors je vous ferai signe, clôt-il sur un ton plus sec qui la heurte, avant de prendre congé.

Agathe raccroche, troublée. Si elle est flattée d'être l'objet de l'intérêt d'Ashok, elle n'aime pas la façon qu'il a de disposer des gens. Elle pressent qu'elle va devoir faire passer ses projets avant son potentiel rendez-vous avec lui et cela l'agace. Néanmoins, la perspective de leur prochaine rencontre la rend fébrile.

Elle rejoint Julie qui l'attend à table et décide de ne rien lui dire. Ce serait indélicat alors qu'elle vient juste de vivre une séparation éprouvante, se justifie-t-elle intérieurement, même si au fond d'elle, elle sait qu'elle n'a pas envie de lui parler d'Ashok et de devoir assumer ce qu'elle ressent et qu'elle ne comprend pas elle-même.

En s'asseyant, elle s'excuse et ment à son amie, prétextant un appel d'un cousin éloigné. Julie la relance alors sur la certification de la bague et de son rubis de 10 carats.

— Cette bague ne vient pas de ma famille, mais de l'un des amants de ma mère que je ne connais pas. Si je la vends, je t'avoue que j'aimerais le rencontrer et savoir à qui je dois ce legs exceptionnel. Ceci dit, j'ai eu récemment l'inquiétude qu'il ne me réclame la bague.

— Mais il ne pourrait pas faire une chose pareille ! Voyons, la rassure Julie.

— Qui sait ? Il a perdu contact avec ma mère depuis trente-cinq ans et je ne sais pas dans quelles dispositions financières il se trouve aujourd'hui.

Tout en répondant à son amie, elle songe que les raisons de son inquiétude ne sont pas uniquement liées au risque qu'il cherche à récupérer le bijou. Elle est forcée de s'avouer que la perspective de rencontrer un homme qui pourrait être son père l'inquiète.

— Tu pourrais ne pas lui dire que tu es la fille d'Aimée lors de votre rencontre, suggère alors Julie. Puisqu'il est commissaire d'exposition, tu pourrais alléguer une question relative à son travail et au tien non ?

— Quelle bonne idée ! Merci ! Imaginer le sujet d'une potentielle vente ne va pas être difficile et je pourrai ainsi avancer masquée dans un premier temps.

— Et les deux autres hommes dont tu as retrouvé les courriers, tu ne veux pas les rencontrer aussi ? Ton père est certainement l'un des trois, affirme Julie abruptement.

À la réponse froide et négative d'Agathe, celle-ci reprend :

— Je comprends que ce soit terrifiant pour toi mais je ne crois pas que tu puisses entamer cette recherche à moitié. Pourquoi ne voir que celui qui a offert le plus beau bijou à ta mère ?

— Mais ce n'est pas du tout ça, s'offusque Agathe, ça n'a rien à voir !

— Alors pourquoi ne pas vouloir rencontrer les autres ? poursuit Julie. Je peux comprendre que tu redoutes de savoir qui est ton père et surtout d'être déçue si tu le trouves, il y a de quoi avoir peur, mais si tu veux aller de l'avant, je te conseille d'aller au bout de cette histoire et de rencontrer aussi Paul et Wandrilles. Il est temps d'avancer, c'est maintenant qu'il faut le faire. Comme pour ton étude, profite de ton élan !

Cette remarque plonge Agathe dans le mutisme, puis après un moment de silence, elle finit par regarder son amie et lui avoue :

— Tu as raison. J'ai peur de ce que je risque de trouver et je ne sais pas si je suis prête.

12.

Les deux amies se quittent à regret après cette longue soirée de retrouvailles.

Sur le chemin du retour qui la mène rue Bourdaloue, Agathe repense aux phrases de Julie qui résonnent maintenant dans sa tête.

aller de l'avant... aller au bout... il est temps d'avancer... prendre son élan...

Les mots tournent comme une ritournelle tandis qu'elle avance dans les rues de Paris.

Elle ne peut s'empêcher de reconnaître que les arguments de son amie sonnent juste. Il est plus que temps pour elle de régler toutes ces questions. Surtout l'occasion lui en est donnée. Jamais elle n'aurait pensé que cela arriverait et voilà que tout lui est servi, comme sur un plateau.

Serait-ce un tour de sa mère ? Elle peine à y croire. Aimée était tout sauf calculatrice. Les lettres ont visiblement été oubliées au fond du coffre là où elles ont sommeillé pendant des années sans être touchées. Elles y sont sans doute depuis trente-cinq ans.

Agathe se rend compte que si elle vient de perdre sa mère, elle n'est peut-être plus qu'à deux doigts de retrouver celui qui serait son père. Et donc de ne plus être orpheline. Cette pensée l'effraie à nouveau. En a-t-elle l'envie ? En a-t-elle le courage ?

Mais plus ses pas la rapprochent de son appartement, plus sa décision s'affermit dans son esprit.

— Oui. Julie a raison. Je rencontrerai ces trois hommes et j'essayerai de savoir qui est mon père, formule-t-elle une fois arrivée au pied de l'immeuble. Il est temps d'aller de l'avant et de lever ces doutes.

En montant les marches, elle songe à la conversation qu'elle a eue avec Ashok un peu plus tôt dans la soirée et se sent à nouveau émue à la perspective de le revoir. Maintenant qu'elle a ressenti ce trouble pour lui, elle s'avoue qu'elle aimerait être capable de nouer des liens avec un homme, ce qu'elle n'a pas réussi à faire depuis toutes ces années.

Elle est forcée d'admettre que ce n'est peut-être pas uniquement sa peur de ressembler à sa mère qui est la cause de son célibat et que l'inconnue autour de l'identité de son père l'a peut-être aussi empêchée d'envisager une relation amoureuse.

« Il se pourrait que mettre un nom et un visage sur mon père m'aide à vivre enfin une histoire d'amour », ose-t-elle s'avouer.

Occupée par ses pensées, elle ne s'est pas rendu compte qu'elle grimpait les étages et la voici déjà devant la porte. Elle entre dans l'appartement niché sous les combles et s'attache aussitôt à retrouver la boîte dans laquelle sont rangées les lettres adressées à sa mère. L'instant d'après, elle s'assied dans le canapé face à la ville qui déploie sous ses yeux ses monuments illuminés. Elle sort les enveloppes une à une et, sans les ouvrir cette fois, les caresse doucement.

Entendre le bruit que font ses mains sur les lettres et le son si particulier de la pulpe des doigts passant sur les fibres du papier l'apaise et lui permet de prendre le temps de réfléchir. Peu à peu, elle met de l'ordre dans ses pensées et élabore la marche à suivre.

Après quelques instants, elle y voit plus clair et son plan d'action se dessine nettement. Elle se lève pour aller chercher son ordinateur et l'allume afin de trouver les coordonnées de Wandrilles, Paul et Alexandre.

C'est par ce dernier qu'elle choisit de commencer, lui qu'elle souhaite particulièrement rencontrer. Elle tape son nom dans le moteur de recherche et passe en revue les différents articles qu'elle avait déjà parcourus lors de sa première enquête au Café Marly. Cette fois, elle cherche son adresse email ou son numéro de téléphone mais c'est peine perdue. Seul le site Internet LinkedIn lui offre la possibilité de lui envoyer un message. Elle aurait préféré le contacter directement, elle n'aime pas utiliser ce réseau social professionnel – elle craint toujours que ses interlocuteurs ne reçoivent pas les messages –, mais elle se résout finalement à lui écrire ainsi.

Reste néanmoins à trouver un prétexte professionnel grâce auquel elle puisse le solliciter. Elle aimerait un sujet pointu mais pas trop complexe non plus. C'est en achevant un dernier article qu'elle aperçoit soudain la reproduction d'une œuvre de Carlos Cruz-Diez, un artiste-peintre vénézuélien, acteur majeur de l'art cinétique. Voilà qui ferait un thème parfait ! pense-t-elle.

L'art cinétique est un courant artistique peu connu et suffisamment spécialisé pour qu'elle s'en serve pour la prétendue vente qu'elle va présenter à Alexandre. Ravie de son idée et soulagée, elle choisit de repousser la rédaction de son courrier au lendemain et décide de continuer ses recherches pour obtenir les coordonnées des deux autres hommes.

Pour Wandrilles, elle connaît déjà son adresse postale, à Puyricard en Provence, mais elle voudrait en savoir plus. Plusieurs sites lui confirment les informations qu'elle possède, mais pas un seul ne lui indique une adresse email ou un téléphone, pas plus qu'une photo d'ailleurs. À la différence d'Alexandre, voilà un homme bien discret sur la Toile, se dit-elle en se résignant à devoir lui écrire une lettre manuscrite pour le contacter.

En passant ensuite à Paul, Agathe bute sur une difficulté de taille. Il existe en effet plusieurs homonymes de Paul Weber, près d'une dizaine, et elle ne sait comment identifier le bon. Elle hésite, puis pense à ajouter le mot « reporter » pour resserrer sa requête, mais elle tombe sur un certain Franck-Paul Weber, un jeune journaliste dont la date de naissance, 1981, lui confirme qu'il n'est pas la personne qu'elle cherche. Elle songe alors à Sipa Press, l'agence de photos qui employait Paul et que ce dernier cite dans sa lettre. Et si elle les contactait ? Se pourrait-il que Paul travaille encore pour eux ? Ou tout au moins auraient-ils gardé contact ? Elle s'empresse de chercher leur numéro de téléphone sur Internet et le note en programmant de les appeler le lendemain matin.

Maintenant qu'elle a avancé, Agathe se prépare à rédiger les courriers mais s'arrête soudain, interdite. Que dire ? Qu'écrire ?

La difficulté ne concerne pas le message pour Alexandre qu'elle va composer dans la veine des demandes qu'elle adresse à ses relations professionnelles. En revanche, c'est plus délicat pour les lettres à Paul et Wandrilles.

Quelle démarche étrange de s'adresser à des inconnus qui ont eu des liens si intimes avec sa mère et dont l'un d'eux, de surcroît, pourrait être son père !

Agathe réfléchit à la façon de tourner ses phrases. Si elle souhaite informer les destinataires du décès d'Aimée et des correspondances retrouvées rue Jacob, elle ne veut pas évoquer d'autres questions, et surtout pas celle d'une possible filiation. Elle désire uniquement leur demander une entrevue pour échanger sur leurs souvenirs avec sa mère et se dit qu'elle doit rester simple et factuelle.

Après quelques essais, elle efface les phrases qu'elle a tenté d'écrire et se retrouve abattue face à la page. Découragée et assommée de fatigue, elle remet la tâche au lendemain et part se coucher. Mais une fois dans son lit, elle ne parvient pas à trouver le sommeil.

Les mots tournent dans sa tête et elle commence à rédiger en pensée des bribes de la lettre qu'elle veut adresser. Soudain, les phrases se détachent clairement dans son esprit et s'enchaînent aussi nettes et concises qu'elle le souhaitait.

Cher…,

Ma mère, Aimée de Bézieux, a conservé vos lettres dans ses affaires. Elle est décédée en juin dernier et j'aimerais en apprendre plus sur cette partie de sa vie que j'ignore. Accepteriez-vous de m'accorder un peu de votre temps pour me parler de vos souvenirs avec elle ?

Je vous en serais très reconnaissante.

Bien à vous,

Agathe Valmy

Suivi de son adresse postale, de son numéro de téléphone et de son adresse mail. Voilà !

Agathe rallume la lumière pour écrire à toute vitesse le brouillon de sa missive.

Demain, elle rédigera l'email pour Alexandre, appellera Sipa Press pour trouver l'adresse de Paul Weber et pourra envoyer ses courriers par la poste.

Soulagée, elle se couche finalement et, sur le point de s'endormir, s'étonne de la rapidité avec laquelle elle a pris une décision majeure pour elle, sans parler de l'efficacité avec laquelle elle a agi.

Elle sait qu'elle ira à la rencontre de ces hommes. Maintenant que les affaires de succession sont tirées au clair, c'est une chose qu'elle peut envisager. Si elle se sent sereine ce soir, elle est aussi consciente que ces rencontres vont peut-être changer le cours de sa vie, à jamais.

13.

Wandrilles de Précenelle est le premier des trois hommes à avoir donné suite à sa lettre envoyée début septembre. Par téléphone, il lui a dit qu'il serait ravi de la rencontrer et sur un ton distingué, lui a offert de déjeuner chez lui une dizaine de jours plus tard dans sa propriété de Puyricard, à quelques kilomètres d'Aix-en-Provence, ce qu'Agathe a accepté en le remerciant.

En ce samedi matin 13 septembre, dans le train qui l'éloigne de Paris, Agathe s'est sentie impatiente de faire la connaissance de cet homme qui a connu sa mère trente-cinq ans plus tôt. Elle sait qu'il pourrait être son père et se demande si elle aimerait qu'il le soit, mais elle s'est promis de faire comme s'il n'était qu'un amant d'Aimée pour ne rien n'imaginer et ne rien attendre.

En songeant à ses lettres qu'elle avait trouvées trop lisses, elle s'interroge à nouveau sur la nature de l'histoire qui l'a lié à sa mère.

Le taxi avance à vive allure le long de la route étroite et sinueuse qui traverse les coteaux d'Aix-en-Provence. Les vignes sont déjà dorées, même avant le début de l'automne, et leurs couleurs évoluent du jaune cuivré au fauve, offrant des dégradés et des camaïeus fascinants. Agathe ne peut s'empêcher de les admirer et de penser à Cézanne qui peignait ici et dont l'atelier se trouve à quelques kilomètres.

« Quelle région magnifique, pense-t-elle en se concentrant sur la route qui ne cesse de tourner. Un paradis pour un peintre ! »

La voiture est en chemin depuis quinze minutes et s'approche de leur destination d'arrivée. Au fur et à mesure, Agathe se sent plus nerveuse. Elle se demande si elle n'a pas fait une erreur en initiant ce rendez-vous et le regrette presque. « Pourquoi m'être embarquée là-dedans ? s'interroge-t-elle. J'ai vécu plus de trente ans sans chercher à savoir qui était mon père. » Mais elle repense à Ashok, à la possibilité d'une histoire, et aux mots de Julie « va au bout », et reprend son assurance.

Pour mettre à distance son appréhension, elle cherche à penser à autre chose. Elle songe alors à Madame Girard et se demande comment elle pourrait la remercier pour sa gentillesse et pour le temps qu'elle lui consacre. Elle ne s'explique cette prévenance que par la complicité qui s'est nouée entre elles au fur et à mesure de leurs entrevues. Elle pourrait l'inviter à la prochaine vente dédiée aux peintres de Montmartre qui se déroulera à portes fermées.

Des œuvres de Bernard Buffet, Félix Vallotton, Edgar Degas, Georges Rouault, Fernand Léger, Joan Miró, Suzanne Valadon vont occuper tout l'Espace Tajan et Madame Girard devrait apprécier. Peut-être – qui sait – pourrait-elle aussi lui parler un peu d'Ashok. Agathe se surprend encore une fois à s'interroger sur lui tout en souriant à l'idée de le revoir prochainement.

Ses pensées sont interrompues par un virage sec. Le taxi s'engouffre dans un chemin étroit ne permettant le passage que d'une seule voiture. La silhouette des pins se dessine dans le ciel d'un bleu intense et un mur de pierres sèches apparaît au détour du virage suivant. Agathe devine qu'ici débute la propriété de Wandrilles. Effectivement, quelques mètres plus tard, le taxi s'arrête et baisse la vitre pour sonner à un interphone discret. Une grande grille en fer forgé s'ouvre alors, permettant à la voiture de s'engager dans une allée protégée par des rangs de pins et de cèdres et dont le sol est tapissé d'épines. Le chemin aboutit à une esplanade baignée par la lumière. Sur la droite, elle peut voir l'arrière d'une solide bastide aux volets vert pâle tandis que sur la gauche, elle aperçoit un pré où paissent un âne et un cheval. Des bâtiments bordent le pré, sans doute les écuries ou les dépendances d'une ancienne ferme.

Alors qu'elle règle la course, la porte de la maison s'ouvre et laisse apparaître un homme de grande taille, les cheveux blancs, vêtu d'un pantalon couleur rouille, d'une chemise blanche et d'une veste beige. Il s'avance avec calme vers elle. « C'est donc lui ! »

En quelques enjambées, il est à la voiture et ouvre la porte pour l'aider à en sortir.

— Bonjour Agathe, Wandrilles de Précenelle. Enchanté de vous rencontrer. Sa voix est douce et tranche avec la distinction un peu guindée qui se dégage de son allure.

Agathe lui tend la main en le remerciant de l'accueillir.

— Bienvenue à la Trévaresse. Je vous en prie, suivez-moi, dit-il à Agathe avec un geste de la main.

Ils pénètrent alors dans la maison et traversent un vestibule sombre dont les murs de couleur vieux rose sont décorés de petits cadres dorés. Un escalier s'échappe sur la droite mais Agathe n'a guère le temps d'y prêter attention puisque Wandrilles a déjà traversé le salon et l'invite sur la terrasse. Là, elle découvre avec émerveillement le jardin qui se déploie sous ses yeux. Un superbe parterre de buis taillés à la française est dessiné autour d'un bassin dans lequel s'élève un fin jet d'eau. Une haie de rosiers blancs encadre les allées géométriques, parfaitement tracées. Enfin, sur la terrasse, de larges pots en terre cuite accueillent de grands lauriers-roses.

Après avoir observé l'ensemble, elle complimente son hôte sur l'élégance et la majesté du jardin. Wandrilles la remercie en lui offrant de s'asseoir près d'une table basse garnie d'un plateau comportant deux verres et une cruche en terre cuite verte.

— Un verre de citronnade maison ? propose-t-il.

Agathe accepte avec plaisir tout en observant son hôte de plus près. Il a les yeux bleus, un visage large et des traits relâchés. Il a dû être assez beau, pense-t-elle en dépit de son gros nez plutôt disgracieux. Il doit avoir près de 70 ans, estime-t-elle en prenant le verre qu'il lui tend.

— Je suis ravi de faire votre connaissance, Agathe. J'imagine qu'on vous le dit souvent, mais votre ressemblance avec votre mère est stupéfiante. Vous êtes son portrait.

— Effectivement, répond Agathe en s'étonnant de sourire à cette remarque qui habituellement l'horripile.

En l'interrogeant sur la propriété de La Trévaresse, elle apprend que Wandrilles s'y est installé en 1985 et ne l'a plus quittée depuis. C'est ici qu'il a vécu avec sa femme, dont il est veuf, précise-t-il, et leurs cinq enfants désormais adultes. Agathe le laisse parler tout en notant que la bastide est immense et doit sembler à présent bien vide à son unique occupant.

Elle apprend que les premières constructions du domaine datent du début du XVIIe siècle, de 1604 précisément, année où fut édifié le bâtiment central de la propriété. Wandrilles détaille l'histoire des lieux, expliquant comment s'y sont construits progressivement une aire de battage de céréales, différents corps de ferme, un rucher, un jardin potager, puis un champ d'amandiers. Ce n'est qu'au siècle suivant que le domaine a acquis son appellation actuelle, La Trévaresse. Il s'est alors doté d'une magnanerie, d'une chapelle, d'une *pousarague* – une machine servant à puiser l'eau pour arroser les jardins – et d'un vivier. Agathe est impressionnée autant par le domaine que par cet homme qui s'exprime dans une langue châtiée et prend soin d'expliquer chaque chose avec précision, comme s'il était guide.

Agathe est séduite par sa voix mélodieuse et apaisante. Rien à voir avec l'homme ennuyeux et triste qu'elle imaginait en lisant ses lettres.

Elle apprend encore que la propriété a été acquise par la famille maternelle de Wandrilles au début du XIXe siècle et que ses ancêtres lui ont donné son apparence actuelle. Ils l'ont notamment dotée d'une *tèse* typiquement provençale, une allée d'arbres et d'arbustes dans laquelle on tendait un filet pour capturer les petits oiseaux selon un type de chasse pratiqué depuis Moyen Âge.

La conversation dure ainsi près de vingt minutes et Agathe la trouve à la fois agréable et enrichissante. Wandrilles propose alors de déjeuner et Agathe le suit jusqu'à une table encadrée par des lauriers-roses, et où le couvert est dressé pour deux personnes.

Pas un moment, elle n'appréhende de partager un repas en compagnie de cet homme érudit. Elle se demande néanmoins si, et comment, elle osera lui parler de sa relation avec Aimée. En effet, Wandrilles lui semble faire partie de ce genre d'hommes que la pudeur et l'éducation empêchent d'exprimer leurs sentiments.

Pour diriger la conversation sur un ton plus personnel sans pour autant aborder le sujet qui la préoccupe, Agathe l'interroge sur ses origines. Elle apprend alors qu'il n'est pas né en Provence.

— Je suis un Parisien de souche, précise-t-il en souriant. Une partie de mes origines est en Belgique et l'autre trouve ses racines dans le sud de la France.

À 30 ans, Wandrilles a pris la décision radicale de changer de vie, de quitter Paris, et de venir s'installer à la Trévaresse, en touchant en quelque sorte son héritage en avance, en contrepartie de l'entretien du domaine, lui confie-t-il.

« Qu'est-ce qu'un homme comme lui est venu faire ici ? » se demande Agathe en l'écoutant.

Son récit est interrompu par une petite femme toute ronde qui pose sur la table un faitout fumant.

— Nicole fait la meilleure daube de toute la région, commente Wandrilles en la regardant avec tendresse.

— Monsieur peut le dire, affirme-t-elle avec un accent provençal sans pareil. Ça fait plus de trente ans qu'il en mange ! conclut-elle en emportant les assiettes.

Agathe reconstitue le puzzle de l'existence de Wandrilles. Parisien, il est venu s'installer ici pour travailler dans l'immobilier de prestige et vendre des biens dans la région Provence-Alpes-Côte d'Azur, une activité qu'il exerce encore pour quelques clients choisis, lui a-t-il dit. Après le décès de sa femme, il a élevé seul ses cinq garçons dont le plus jeune a maintenant 23 ans.

Agathe fait un rapide calcul et établit qu'elle a douze ans de plus que le dernier enfant de Wandrilles. Elle se demande si ce dernier était déjà marié et père de famille quand il fréquentait sa mère et finit par lui demander l'âge de son fils aîné.

— Vous devez avoir sensiblement le même âge, lui répond-il. Jean a eu 32 ans en août.

— Vous me rajeunissez, dit-elle en souriant. Nous avons trois ans d'écart. Je fêterai mes 35 ans en janvier.

De plus en plus détendu, Wandrilles explique le choix qu'il a fait de venir s'installer ici.

— C'était un retour à la terre nécessaire. La vie citadine ne me convenait plus. Je passais mon temps de fête en fête, à vivre dans l'excès, à brûler la chandelle par les deux bouts. Si j'étais resté, je me serais détruit, ajoute-t-il. La Trévaresse, le travail que demandait le domaine, l'exigence de se lever à l'aube pour assurer l'entretien avant d'aller en rendez-vous à Aix-en-Provence ou ailleurs, tout cela m'a sauvé. Je dois beaucoup à cet endroit. Mais maintenant, à votre tour ! conclut-il en souriant. Parlez-moi un peu de vous !

À son tour, Wandrilles l'interroge sur son parcours, son métier, ses projets. Elle répond avec confiance, apaisée par le calme qui règne autour d'elle. Wandrilles l'écoute, attentif, mais Agathe, qui n'aime pas s'épancher, parvient à faire bifurquer la conversation sur la célèbre montagne Sainte-Victoire qu'ils peuvent apercevoir derrière les champs de lavande, au-delà des amandiers.

— Nous ferons le tour du jardin une fois le café bu. Vous la verrez mieux.

Tandis qu'ils achèvent une tarte aux prunes, Wandrilles lui apprend également comment il accueille depuis cinq ans des artistes en résidence dans les anciens bâtiments de ferme pour des durées variables. Ces résidences d'artistes requièrent sa présence, tout comme les visites du domaine et du jardin, ouverts au public deux dimanches par mois. Agathe comprend mieux pourquoi son discours sur les lieux est si rodé et si clair.

— C'est une contrainte certes, lui confie-t-il, mais c'est aussi une façon de faire vivre le domaine et de bénéficier d'un soutien du conseil régional pour son entretien. Mais allons faire un tour voulez-vous ?

Tout en cheminant aux côtés de Wandrilles, Agathe songe à sa mère et l'imagine des années plus tôt, à la gauche de cet homme élancé. Elle se demande si Aimée était venue ici et connaissait ces lieux.

Wandrilles débute le tour par la visite d'une petite chapelle de pierres blanches. Il en ouvre la porte et laisse apparaître, face à eux, seule dans une niche, une statue de la Vierge Marie. Ce bâtiment rappelle à Agathe l'époque où les propriétés étaient dotées de chapelles privées utilisées pour des événements familiaux ou plus quotidiennement par les ouvriers qui travaillaient là. L'oratoire n'est pas le seul élément du domaine à évoquer un autre âge. Tout ici semble à l'écart de la vie contemporaine. La

Trévaresse est un havre de paix où l'agitation extérieure se laisse oublier et Agathe se dit qu'elle est l'endroit parfait pour cet homme dont la retenue dissimule sans doute une grande sensibilité.

Wandrilles la conduit ensuite vers une petite allée d'arbres et d'arbustes à baies qu'il a plus tôt nommée une *tèse*. Là, il l'invite à s'asseoir sur un banc face au petit bassin qui servait autrefois à attirer les oiseaux.

— Aimée aurait adoré cette *tèse* si elle l'avait connue, dit-il, rompant ainsi le silence qui persistait autour de la mère d'Agathe et répondant aussi sans le savoir à la question que se posait Agathe.

L'histoire l'aurait enthousiasmée c'est sûr, dit-il un sourire aux lèvres, et puis ce lieu un peu caché, presque secret, l'aurait séduite aussi. Si vous êtes là, j'imagine que vous devez savoir que votre mère a été le grand amour de ma jeunesse.

Agathe cache sa surprise de le voir s'ouvrir soudain si facilement à elle. Tout en lui demandant de lui en dire plus, elle apprécie de pouvoir le faire sans l'avoir face à elle. Elle se sent plus à l'aise pour poser ses questions.

— J'ai connu Aimée le soir de la Saint-Sylvestre 1977. Je suis tombé amoureux d'elle au premier regard. Je sais ce qu'est le coup de foudre et je peux vous assurer qu'il porte bien son nom. Il vous tombe littéralement sur la tête et on ne peut pas l'ignorer.

Wandrilles poursuit en précisant que leur histoire a duré un an et deux mois. Tous deux travaillaient alors dans l'immobilier et c'est par des connaissances communes qu'ils s'étaient trouvés à réveillonner ensemble. Wandrilles l'a rapidement courtisée mais cette dernière était insaisissable, toujours en voyage à droite et à gauche. Lui-même était aussi souvent en déplacement professionnel, si bien que sa cour a duré de longues semaines.

— Les occasions de nous voir étaient rares et à l'époque les moyens de communication étaient très différents d'aujourd'hui. Il n'y avait pas de répondeur téléphonique et encore moins de téléphone portable.

J'ai embrassé votre mère pour la première fois la veille du printemps, le 19 mars 1978. Quelle patience il m'a fallu quand j'y repense aujourd'hui ! Votre mère était une grande séductrice et savait se faire désirer.

Agathe est un peu gênée en entendant cette remarque et se demande si Wandrilles sait qu'il n'y avait pas que lui dans la vie de sa mère. Elle se retient de le lui dire et préfère lui demander pourquoi leur relation a pris fin.

— Rien, ni personne n'auraient su combler Aimée. Elle était toujours à l'affût de nouveautés, de rencontres, de voyages. J'ai fini par comprendre que malgré tous mes efforts, je ne serais jamais en mesure de la rendre heureuse. Bien au contraire, un mariage aurait risqué de nous rendre tous les deux très malheureux. Je ne pouvais pas vivre à 100 à l'heure comme elle. Ce fut une prise de conscience douloureuse. Je l'aimais… tant, ajoute-t-il pudiquement.

Mais je devais la quitter. Pour moi, pour me sauver de cette passion et de mes excès de l'époque. Et pour elle aussi. Elle aurait fini rongée par la frustration avec moi.

Agathe est frappée par la façon dont il se juge et sent combien cette décision a dû être douloureuse pour lui.

— Rétrospectivement, cette séparation était de l'ordre de la survie, poursuit-il. La quitter a sans doute été un des choix les plus difficiles de ma vie. Je n'ai jamais oublié votre mère. Je peux même dire que je l'ai toujours aimée, même si j'ai aimé mon épouse profondément et qu'elle seule fut la femme de ma vie.

Agathe l'écoute avec émotion. Elle aimerait trouver des mots réconfortants à lui dire, et lui assurer que sa mère aussi lui avait gardé une place particulière dans son cœur même si elle doute que ce soit le cas. Elle songe à lui parler des lettres et du collier, hésite, et se décide finalement à le faire.

— Je me dois d'être sincère. J'ai appris votre existence à travers vos lettres que ma mère avait conservées dans un coffre, tout comme le collier que vous lui aviez offert. Aimée a connu d'autres hommes, je ne vous apprends rien, mais elle n'a pas conservé beaucoup de lettres.

Wandrilles sourit à cette évocation.

— Le collier ! Je l'avais oublié. C'est vrai qu'elle s'était entichée de ce joaillier place Vendôme. Je lui ai offert le jour de notre séparation. C'était en quelque sorte un cadeau de rupture. Je voulais que la fin de notre histoire soit aussi belle que son début, et surtout je voulais qu'elle garde quelque chose de nous. Ce collier était une façon symbolique de lui dire que je ne la quittais pas par désamour, mais par amour justement.

— Comment a-t-elle réagi ? demande Agathe.

— À dire vrai, cela faisait plusieurs mois qu'elle jouait au chat et à la souris et qu'on ne se voyait qu'occasionnellement. Je ne lui ai pas laissé beaucoup de temps pour parler et je n'ai pas attendu qu'elle essaye de me faire changer d'avis. Elle ne m'a pas retenu non plus. Quelques jours après, j'ai quitté Paris pour venir m'installer ici et tourner la page.

Un silence s'installe, interrompu par moments par les pépiements des moineaux venus boire au bassin à leurs pieds.

Agathe hésite à présent à confier qu'elle cherche à savoir qui est son père mais Wandrilles reprend la parole :

— J'ai toujours su qu'Aimée avait d'autres hommes que moi dans sa vie. Je ne voulais pas l'admettre, je faisais semblant de l'ignorer, mais je le savais.

— Oui, Aimée avait une vie sentimentale… agitée, concède Agathe.

— Elle ne s'est jamais mariée ?

— Oh non. Loin de là, répond Agathe, presque gênée.

— Puis-je me permettre de vous demander qui est votre père ?

Agathe est prise de court. Elle ne s'attendait pas à cette question directe même si elle se rend compte que Wandrilles ne peut pas se douter de la gêne que sa demande implique pour elle. Elle s'entend répondre, la voix un peu tremblante :

— Je ne sais pas. Ma mère m'a dit pendant mon enfance qu'il était parti en voyage. Quand j'ai été adolescente, elle m'a expliqué que j'avais été conçue à la fin des années 1970 et que les mœurs étaient différentes à cette époque-là. J'en ai déduit que j'étais le résultat d'une aventure d'un soir. Je n'ai jamais eu l'occasion d'avoir une vraie discussion à ce sujet avec elle. Elle évitait ce genre de conversation mais sa mort et la découverte de vos lettres m'ont fait espérer que je pourrais l'apprendre.

Agathe est émue de partager cette part d'elle avec un homme qu'elle connaît si peu et qui se montre si attentionné. Se pourrait-il qu'il soit son père ? Elle aimerait lui poser la question mais ne sait comment.

Elle n'a pas le temps d'y songer qu'il la devance en lui disant avec douceur :

— Je comprends mieux la raison profonde de votre venue et hélas, je ne vais pas pouvoir soulager votre esprit. Au vu de votre date de naissance, si je calcule bien, votre conception remonte à mai 1979 ou plus tard. Or j'ai quitté votre mère fin février : il est donc impossible que je sois votre père. J'en suis désolé. Mais soyez certaine que si Aimée me l'avait demandé, je vous aurais élevée comme ma fille, déclare-t-il en se levant.

Bousculée par l'émotion, Agathe murmure un remerciement. Elle se lève à son tour et, la gorge nouée, annonce brusquement qu'elle va devoir partir.

Devinant son trouble, Wandrilles lui prend alors le bras et lui propose de repasser par la bastide et de boire un verre d'eau.

Agathe se laisse faire et avance en silence, espérant que le chant des oiseaux l'apaise un peu. Même si elle s'était promis de ne rien attendre, le temps passé avec cet homme qu'elle a trouvé si touchant lui a fait espérer qu'il pourrait être celui qu'elle n'a jamais connu.

Arrivé à la hauteur du jardin de buis, Wandrilles ralentit avant de s'arrêter devant un portillon grillagé.

— Puis-je me permettre de vous poser une dernière question ?

Agathe acquiesce.

— Pourriez-vous me dire de quoi Aimée est décédée ?

Agathe lui explique alors les circonstances de la mort brutale de sa mère, en précisant qu'elle n'avait jamais connu de problèmes cardiaques auparavant.

— C'était une mort que personne n'aurait pu prévoir.

— Je l'imagine. Et je comprends combien cela a dû être douloureux pour vous. Je suis sincèrement navré. Mais je suis néanmoins soulagé de savoir qu'Aimée n'a pas souffert d'une longue maladie, elle ne l'aurait pas supporté.

À l'intérieur, Wandrilles lui offre un verre d'eau fraîche et des biscuits tout en lui proposant de la reconduire à la gare. Elle refuse, mais il insiste tant qu'elle finit par céder.

— Vous serez toujours bienvenue à la Trévaresse. Vous n'avez qu'un coup de téléphone à donner. La maison est vaste et vous serez toujours mon invitée.

À la gare d'Aix-en-Provence, Agathe jette un dernier regard à sa grande silhouette et lui adresse un ultime salut avant de s'éloigner vers les quais. Elle sait qu'elle ne le reverra pas et le regrette déjà.

14.

Dans le train qui la ramène vers Paris, Agathe a le temps d'analyser ses sentiments et de mettre de l'ordre dans ses pensées. Elle a été touchée par la gentillesse et la délicatesse de Wandrilles et s'avoue que, oui, elle aurait aimé qu'il soit son père. Elle en aurait été fière et heureuse, s'est-elle dit en regardant par la fenêtre les paysages provençaux s'éloigner à grande vitesse.

Trois jours plus tard, Agathe est encore émue par cette visite et son trouble est augmenté par un appel de Madame Girard en plein milieu de l'après-midi. Cette dernière lui téléphone pour lui annoncer une énorme déconvenue.

En effet, pour établir la certification de la bague de sa mère, il a fallu que la pierre de centre soit expertisée par le Département Pierres du joaillier. Or, les experts ont établi que la fameuse gemme – ce rubis birman de 10 carats consigné dans les archives – a été remplacée après son achat. Son substitut, un magnifique spinelle d'une belle couleur rouge, est certes une superbe pierre ornementale, mais sa valeur n'est en rien comparable avec celle d'une pierre précieuse et encore moins d'un rubis d'origine birmane. La stupéfaction d'Agathe est totale.

Ce genre de pratique est courante dans l'histoire de la joaillerie, lui explique la directrice du patrimoine. Bon nombre de maris endettés ont ainsi vendu les pierres précieuses des bijoux de leurs épouses et les ont remplacés par des pierres ornementales, le temps de se « refaire ». Ils découvraient parfois à cette occasion que leurs épouses avaient eu la même idée avant eux et qu'il n'y avait donc plus grand-chose à tirer de leurs bijoux, ajoute-t-elle en plaisantant soudain. Mais Agathe, elle, ne rit pas.

La déception est de taille car le bijou de sa mère est désormais estimé aux alentours de 300 000 euros et, de surcroît, ne sera plus certifié par le joaillier. Madame Girard ne lui apprend rien. Elle sait que si un seul élément a été changé dans la pièce d'origine, une maison de joaillerie ne peut plus délivrer de certificat.

Abasourdie, Agathe la remercie rapidement et raccroche en arguant d'une réunion qui ne peut plus attendre, puis demeure immobile de longs moments avant de se lever de son bureau pour appeler Julie et tâcher de trouver un peu de réconfort auprès d'elle.

— Quel retournement ! Et quel fiasco ! se plaint-elle auprès de son amie en lui avouant qu'elle avait commencé à croire malgré tout à la possibilité de prendre une charge à Paris.

Julie essaye bien de la rassurer mais rien n'y fait et Agathe doit poursuivre sa journée de travail comme si de rien n'était. Les rendez-vous et les réunions ne lui laissent pas le temps nécessaire pour assimiler ce que cette révélation implique mais elle mesure combien son rêve et son projet professionnel sont à nouveau remis en cause.

Pour ne rien arranger, le rendez-vous avec Ashok est prévu aujourd'hui en fin d'après-midi. Ce dernier l'a appelée quelques jours auparavant pour lui proposer cette date. Quand elle y repense, Agathe songe qu'à ce moment-là elle croyait encore pouvoir lui raconter son projet. Perturbée, elle se demande si elle ne devrait pas annuler en prétextant une migraine. Mais l'instant d'après, elle se reprend : il est trop tard pour se décommander. Ashok lui a confirmé l'invitation depuis cinq jours et il ne reste que trois heures avant le rendez-vous prévu à 18 heures au dernier étage du Centre Pompidou, au restaurant Le Georges.

Dans le métro qui la mène vers le centre de Paris, Agathe peine à calmer son agitation : son esprit ne cesse de passer de sa récente déception à l'appréhension du rendez-vous qui approche.

Elle est encore plus nerveuse lorsqu'elle emprunte les escaliers mécaniques qui la transportent en haut du bâtiment dessiné par Renzo Piano et inauguré en 1977, trois ans avant sa naissance, a-t-elle déjà compté en visitant le musée. Tout en admirant la vue sur les toits de Paris et la perspective sur la ville qui se révèle au fur et à mesure, elle tente de se calmer. Elle s'apprête à retrouver un homme qu'elle a du mal à cerner et qui l'intrigue. Si elle se sent flattée de son intérêt pour elle, elle s'avoue qu'elle est anxieuse, elle qui a si peu l'habitude de ce genre de rendez-vous.

Les dernières marches disparaissent sous ses yeux et au moment de poser le pied sur le dernier palier, elle décide de profiter du moment à venir et de se laisser aller à un peu de légèreté.

« Je ne risque rien. Prendre ce verre ne peut que me changer les idées après la nouvelle que je viens d'apprendre », tranche-t-elle en jetant un dernier regard à la silhouette de la tour Eiffel dressée tel un phare au-dessus des toits.

Elle pousse alors la porte vitrée du Georges, balaye rapidement la salle des yeux et le voit, installé dans l'angle du restaurant. Elle traverse l'espace désert qu'elle a toujours trouvé glacial et un peu trop « m'as-tu vu », en se demandant pourquoi un homme aussi raffiné a choisi un lieu pareil.

Ashok ne l'a pas vue arriver et sursaute quand elle le salue. Il se lève et paraît étrangement nerveux lorsqu'il lui propose une chaise. Il a déjà commandé un jus de tomate, et lui tend la carte des boissons. Agathe est un peu froissée qu'il ne l'ait pas attendue mais se reprend. « Ne commence pas à juger ! »

La conversation s'amorce et Ashok semble hésitant. Agathe est surprise de le trouver embarrassé et prend les devants en lui parlant de ce qui les lie, lui semble-t-il, l'art et la culture. Elle évoque la rétrospective de Jeff Koons qui va se tenir ici même au Centre Pompidou le 13 novembre prochain et dont toute la presse parle déjà.

Il est vrai que l'artiste américain n'a été que très peu présenté en Europe jusqu'alors et la rétrospective qui lui est consacrée attise la curiosité de tous. Avant même le vernissage de l'exposition, les médias annoncent déjà un événement « blockbuster ».

Portée par le Whitney Museum de New York, l'exposition suscite également de nombreuses controverses et interrogations sur lesquelles Ashok et Agathe se retrouvent. Ashok a recouvré son assurance et se lance dans une analyse fine de l'œuvre de Koons. En l'écoutant, Agathe est à nouveau frappée par l'intensité de sa présence. Son regard, sa voix, l'énergie qu'il dégage, tout chez lui semble puissant et l'impressionne plus qu'elle ne le voudrait.

Agathe, à son tour, souligne combien les institutions muséales comme le Whitney, le Centre Pompidou ou le Guggenheim ont un pouvoir de légitimation fort. La rétrospective d'un artiste vivant organisée par l'un de ces musées est un engagement institutionnel et une reconnaissance de sa place dans l'histoire de l'art contemporain.

— Cette exposition va être une étape majeure pour Koons, qui est aussi l'un des artistes les plus cotés du monde, poursuit Ashok. Saviez-vous que l'année dernière sa sculpture *Balloon Dog* a été adjugée à plus de 58 millions de dollars ?

À l'évocation de cette vente, Agathe ne peut s'empêcher de repenser à la nouvelle valeur de la bague de sa mère. Elle, d'habitude si réservée et si discrète sur sa vie personnelle, a subitement besoin de partager l'information qu'elle a reçue l'après-midi même et qui l'a tant bousculée. Elle s'ouvre alors à Ashok et lui confie les aventures qu'elle a vécues au gré de l'expertise et de la certification de ses bijoux familiaux suite au décès de sa mère.

Ashok se tait et l'écoute avec attention. Il ne l'interrompt qu'une seule fois pour lui demander des précisions sur le style de la parure de sa grand-mère. Elle se sent en confiance et poursuit son récit jusqu'à lui apprendre que le rubis d'un des bijoux a été échangé contre un spinelle et lui explique combien ce brusque rebondissement met un coup d'arrêt à son rêve d'acquérir une charge de commissaire-priseur à Paris.

Lorsqu'elle achève son récit, Ashok lui dit gravement que les coups durs sont souvent des occasions d'avancer et de faire la paix avec le passé. Agathe s'étonne de ne pas être agacée par cette remarque qui formulée autrement l'aurait sans doute heurtée et se dit que cet homme est décidément surprenant et plus humble et simple qu'il ne le laisse croire.

— Je suis sincèrement désolé de la tournure que prennent les événements pour votre projet, lui dit-il avant de l'interroger en détail sur ses aspirations, ses idées et ses plans.

Après l'avoir écoutée, il lui propose de but en blanc de s'associer à son étude. Il détaille alors le montage financier qu'il imagine et les parts qu'il pourrait prendre dans la structure.

Agathe l'écoute et peut sentir son corps se raidir au fur et à mesure qu'il décrit les détails de la solution qu'il envisage. Elle peine à croire qu'il lui fasse une telle proposition et ne sait comment réagir. Plus elle l'écoute et plus elle le voit tel qu'il est sans doute en affaires, méthodique et déterminé. Il doit être excellent dans son métier, pense Agathe. Mais elle n'aime pas cet air froid qu'elle lui trouve.

En aucun cas elle ne peut imaginer accepter une telle offre. Comment pourrait-elle vouloir s'associer à un homme qu'elle connaît à peine ? Elle ne sait même pas ce qu'il fait exactement. C'est de la folie pure, pense-t-elle, sans compter qu'elle tient à son indépendance.

Elle se sent heurtée par cette proposition qu'elle trouve inappropriée et se lève en prétextant devoir aller se laver les mains. Arrivée aux toilettes, elle sort de sa sidération et ne peut plus contenir la colère qu'elle sent monter en elle sans bien la comprendre. Elle tâche de reprendre son sang-froid et, plutôt que de risquer de perdre le contrôle de ses émotions, décide de mettre fin à cette entrevue au plus vite.

En revenant vers leur table, elle le voit régler leurs consommations, l'occasion pour elle d'écourter le rendez-vous. Sans se rassoir, elle attrape son sac et son foulard et le remercie froidement puis lui annonce qu'elle doit y aller, avant de quitter rapidement le restaurant.

Une fois sur le parvis, elle s'éloigne à grandes enjambées en se demandant si Ashok la regarde marcher. Elle l'imagine telle une sentinelle en haut du musée et elle frissonne en accélérant.

Elle réalise mal ce qui vient de se passer. Qui donc ose proposer à une personne qu'il ne connaît pas de s'associer à son projet ? Et de quelle fortune Ashok dispose-t-il pour offrir cela si légèrement ?

Nous ne sommes vraiment pas du même monde, pense-t-elle tout en s'apercevant qu'elle est également déçue qu'Ashok ait transformé ce qui devait être un rendez-vous amoureux en un entretien d'affaires.

Si elle est dépitée et irritée, elle est aussi gênée en réalisant qu'elle n'a parlé que d'elle pendant tout le rendez-vous et qu'elle ne lui a posé aucune question.

Comme pour essayer d'échapper à ces pensées qui agitent son cœur en tous sens, elle marche plus vite encore.

Depuis bientôt quatre mois, elle se sent ballottée par les coups du destin et ce sentiment l'épuise.

« Il faudrait que mon existence se calme », implore-t-elle pour elle-même.

Et pour répondre à cet impératif de tranquillité, elle prend la décision de ne plus revoir Ashok et de ne plus penser à lui.

« Voilà à quoi m'ont mené mes envies de changer de vie », conclut-elle en arrivant chez elle, bien décidée à revenir à la vie qu'elle connaît.

15.

Un mois s'écoule. Malgré son désir de retrouver une vie plus calme, Agathe ne peut se résoudre à abandonner totalement son rêve et passe des jours à travailler d'arrache-pied pour trouver un montage financier qui lui permettrait d'acquérir une étude par ses propres moyens.

En effet, si la proposition formulée par Ashok l'a heurtée et piquée au vif, elle lui a aussi permis d'envisager des solutions auxquelles elle n'aurait pas pensé seule. Elle a ainsi rapidement contacté Ludovic, son ami notaire, et lui a exposé ses visées sans pour autant lui dire que l'idée venait d'Ashok. Tous deux ont alors travaillé sur un montage financier qui s'appuierait notamment sur la vente des biens mobiliers et des bijoux de sa mère ainsi que sur les revenus locatifs et l'hypothèque des appartements qu'Agathe possède. Avec ces garanties, il se pourrait qu'une banque accepte de lui prêter de quoi se lancer. Le projet est maintenant en cours d'étude auprès de plusieurs établissements dont Agathe attend les réponses avec impatience.

Mais ce soir, ce sont des réponses d'une autre nature qu'elle reçoit dans sa boîte aux lettres et dans sa boîte mail. De retour des courses qu'elle a fait rue des Martyrs, elle découvre un courrier de Paul Weber et quelques minutes plus tard, elle trouve un email qu'Alexandre Voïevodski lui a adressé en fin de journée.

« Mais ils se sont passé le mot ou quoi ? » s'exclame-t-elle.

Depuis plusieurs semaines, elle attendait de leurs nouvelles et ne voyant rien arriver, elle avait envisagé de les relancer mais craignait de paraître importune et n'avait trouvé ni la manière, ni le courage de le faire.

« La vie l'a fait pour moi », pense-t-elle.

Elle prend la lettre de Paul Weber qu'elle a posée, après l'avoir lue, sur le comptoir de la cuisine. Elle y voit, tracée dans une encre noire, cette même écriture irrégulière qu'elle a déchiffrée dans la lettre qui avait été adressée à sa mère des années auparavant et qui semble trahir l'usage rare que l'auteur en fait. La missive est rédigée sur une simple feuille de papier à carreaux, sans doute arrachée à un bloc-notes acheté dans une grande surface. L'enveloppe comporte des cases imprimées à l'encre orange pour indiquer l'adresse du destinataire. Le tout n'a rien de très élégant, pense-t-elle.

Il est évident que Paul Weber n'est pas habitué à correspondre par écrit et elle se demande pourquoi il ne lui a pas répondu par mail ou par téléphone puisqu'elle avait bien indiqué ses coordonnées dans le courrier qu'elle avait confié à Sipa Press.

« Il aurait pu s'éviter cette peine », songe-t-elle en regardant à nouveau la lettre dont le contenu simple et direct l'a touchée. Paul lui présente ses condoléances, lui dit être content à l'idée de la rencontrer et d'échanger avec elle au sujet de sa mère. Il vit en Bretagne, à Belle-Île-en-Mer, et il est tout disposé à la recevoir quand elle le souhaitera, conclut-il.

Le contraste entre le ton chaleureux de la lettre de Paul Weber et la froideur du message d'Alexandre Voïevodski ne pouvait être plus grand.

Comme imaginé avec Julie, Agathe a contacté ce dernier en prétextant un projet de vente d'art cinétique. En approfondissant ses recherches sur Alexandre Voïevodski, elle a découvert que sa requête aurait pu sembler douteuse puisqu'il n'est pas spécialisé en art cinétique, et n'est d'ailleurs à vrai dire expert d'aucune période de l'art contemporain, mais sa réponse ne laisse pas entendre qu'il en ait été gêné.

En regardant de plus près son parcours, Agathe a eu l'impression de lister une succession de missions, parfois prestigieuses comme des curations pour le MoMA, pour le collectionneur François Pinault ou pour des saisons culturelles financées par le gouvernement français, et parfois plus incertaines, comme ses contributions à des biennales inconnues ou ses projets dans de petites agences de stratégie culturelle. Elle a tenté de comprendre la logique présidant à ses choix mais y a renoncé, tout en se promettant de lui poser la question si elle en avait l'opportunité.

Même si Agathe admet que la réponse d'Alexandre Voïevodski a été formulée dans un contexte professionnel, elle y lit une froideur et une forme de suffisance qui la mettent à distance. Il explique qu'il est en mission aux États-Unis, à Miami, et qu'il rentre en Europe pour les fêtes de fin d'année. Il lui propose de la rencontrer à cette occasion et lui demande de le contacter fin décembre pour organiser un rendez-vous.

Elle ne cache pas sa déception, Alexandre Voïevodski est l'homme qu'elle tenait le plus à rencontrer et son courrier glacial est une déconvenue. Elle s'est avoué depuis le début que si l'un de ces hommes devait être son père, elle aimerait que ce soit lui.

Elle tente de relativiser sa déception en se rappelant que les emails peuvent être la source de beaucoup d'incompréhensions et qu'une vraie rencontre pourra changer cela. Elle le recontactera dans un mois et demi. Ce sera vite là, se dit-elle, en tâchant de se réconforter.

Elle s'assoit dans son canapé face à la fenêtre qui donne sur les toits de Paris. Cette vue a toujours eu un effet apaisant sur elle et elle s'y plonge avec soulagement.

Elle hésite à saisir un carnet pour écrire ce qui vient de lui arriver et dérouler le fil de sa pensée, nommer et réorganiser ses sentiments, éclairer la situation en la mettant en perspective comme elle a pour habitude de faire. Les mots font souvent office de guide, à l'instar des phares qui indiquent la route aux bateaux pendant les navigations de nuit. Ils réussissent à éclairer sa pensée et lui offrir un itinéraire. Écrire est un cheminement vers le discernement, se dit-elle souvent.

Mais elle est trop agitée pour se concentrer. Elle abandonne cette idée pour se glisser dans la contemplation des toits, des monuments éclairés et des artères de la capitale. Après quelques minutes, elle est plus calme et c'est l'esprit clair qu'elle affronte les sujets.

— Il va falloir que j'aille à Belle-Île-en-Mer pour rencontrer Paul, tranche-t-elle sur un ton sans appel.

Aussitôt, elle ouvre son ordinateur pour voir comment se rendre sur cette île, la troisième en taille après la Corse et Oléron, peut-elle lire sur un descriptif qui lui indique aussi sa localisation dans le Morbihan, en Bretagne Sud.

Le trajet, en train, en car puis en bateau, s'annonce long et compliqué. Elle calcule rapidement et compte un périple de près de sept heures, presque un vol Paris-New York, s'étonne-t-elle. Est-elle prête à faire tout ce voyage pour rencontrer cet homme ? Et pourquoi diable vit-il sur cette île reculée ?

Balayant ses objections, elle consulte son agenda et s'aperçoit que, cette année, le jour férié de l'Armistice tombera un mardi, ce qui lui permettrait de partir pour un long week-end. Elle pourrait profiter du voyage pour s'arrêter en route et visiter le centre d'art de Kerguéhennec qu'elle a toujours voulu découvrir. Cette pensée la réjouit et elle se promet d'organiser son voyage dès le lendemain.

Pour le moment, elle a faim et a besoin de dîner. Contrairement à ses habitudes, elle choisit de réchauffer un plat surgelé dans le four à micro-ondes et s'installe au bar de la cuisine devant une assiette fumante. Tout en mangeant, elle consulte ses emails personnels qu'elle n'a pas eu le temps de regarder de toute la journée et y découvre avec joie le nom de Madame Girard.

Elle ouvre immédiatement son message qui est une invitation à une réception place Vendôme. Madame Girard précise que la soirée a pour thématique la danse et sera l'occasion de présenter une nouvelle collection de haute joaillerie dédiée à ce thème, ainsi qu'une exposition patrimoniale sur les liens que la Maison a entretenus avec cet art depuis les années 1940.

L'invitation est accompagnée d'une courte vidéo qu'Agathe s'empresse de lancer. Dans un décor bleu nuit, la silhouette d'une danseuse fait son apparition en glissant de façon aérienne. Des étoiles illuminent le ciel au-dessus du rideau et tombent au sol en scintillant. La ballerine exécute un jeté avant de sortir de scène. « Danse & Haute Joaillerie – Van Cleef & Arpels » indique la vidéo avant d'annoncer une date, « Jeudi 13 novembre 2014 », dans un mois précisément.

Agathe est séduite par la poésie qui se dégage de cette saynète mais ne peut s'empêcher de la trouver un peu naïve. Entre raffinement et mièvrerie, elle ne parvient pas à trancher. Elle qui d'ordinaire apprécie les lignes épurées et les esthétiques sobres, elle peine à juger ce genre de représentations.

Son intérêt est plus évident pour l'exposition patrimoniale annoncée par Madame Girard. Elle est curieuse d'en apprendre plus sur les liens historiques du joaillier avec la danse. Elle conserve un très bon souvenir de la visite de l'atelier et de sa découverte de cet artisanat d'art.

Elle est sur le point de répondre positivement quand elle pense soudain qu'Ashok pourrait y être invité aussi. Et dans ce cas, s'y rendrait-il ? Cette perspective la contrarie.

En effet, elle est tout sauf sereine depuis leur dernier échange qui s'est tenu au Georges. Son jugement à son égard n'a pas changé et elle lui reproche toujours d'avoir voulu la « sauver » et intervenir dans ses affaires, mais elle doit bien reconnaître que son idée de montage financier était pertinente puisque c'est elle qui lui permet aujourd'hui de projeter une éventuelle acquisition.

Elle est gênée de tirer profit de ses idées alors qu'elle l'a repoussé avec une telle froideur, mais elle ne parvient pas non plus à lui en être vraiment reconnaissante. Elle se sent malhonnête et peu claire, ce qui ne lui ressemble pas. D'ailleurs, depuis un mois, elle chasse de son esprit toute pensée qui la ramène à ce désagréable sentiment de culpabilité.

Agathe se demande comment faire pour s'assurer qu'Ashok ne soit pas présent à la soirée du 13 novembre. Elle a beau réfléchir, elle n'imagine aucune solution pour se renseigner auprès de Madame Girard ni auprès de

Sophia Duca, la directrice de la boutique de la place Vendôme. Elle est irritée de ne pas se sentir libre de se rendre à cet événement et s'en veut de ne pas pouvoir assumer ce qu'elle fait et pense.

« Et ça, c'est vraiment mauvais », lance-t-elle soudain, en repoussant son assiette avec dégoût. Contrariée par les sentiments qu'elle ressent en pensant à Ashok, elle laisse exploser sa colère contre le plat cuisiné et part se coucher. Avant de s'endormir, elle décide qu'elle se rendra à cette soirée et essaie de se persuader qu'elle n'espère ni ne redoute la présence d'Ashok.

16.

Les amarres sont larguées et remontées. La porte de tôle se ferme à grand fracas, la fumée noire des cheminées s'épaissit et les moteurs font vibrer le bateau qui s'apprête à effectuer la liaison entre Quiberon et Belle-Île-en-Mer.

Samedi 8 novembre à 16 h 15, le temps est triste et l'ambiance mélancolique. Une fine bruine, que les Bretons nomment le crachin, délave les couleurs du paysage dans un camaïeu de gris qui s'étend de la mer jusqu'au ciel en passant par les quais de granite et les rochers de la grève. Même le sable au loin semble gris, mais d'une nuance plus chaude. Un *warm grey* pense Agathe en revoyant le nuancier qu'elle conserve à son bureau et qui lui permet d'échanger avec les graphistes et les imprimeurs dans son travail.

Seules les trois couleurs du pavillon qui flotte à l'arrière du navire se démarquent dans ce paysage aux tonalités monocordes. Le crépuscule semble avoir avancé de quelques heures et la tombée du jour paraît imminente. Des nuages noirs masquent l'horizon et laissent à peine deviner la silhouette de l'île que les passagers du ferry vont rejoindre dans cinquante minutes.

Agathe n'a pas souvenir d'avoir voyagé ainsi seule en France depuis longtemps. Cet été, elle est partie à Florence quelques jours mais le voyage en solitaire à l'étranger, en « terre inconnue », a une tout autre saveur. Son côté exploratoire annule en quelque sorte le sentiment de solitude. Envisagé comme un périple initiatique, le voyage lointain est une échappée, presque une aventure. C'est pour cette raison qu'Agathe a toujours choisi des destinations hors de France pour partir seule. Cette fois-ci, son séjour en Bretagne n'a rien d'exotique et la solitude lui pèse. Elle regrette tant que Julie n'ait pas été disponible pour l'accompagner.

Le bateau dépasse le môle et son entrave prend maintenant la direction de l'île dont Agathe aperçoit la masse indistincte. À la droite du navire, elle peut aussi voir arriver les vagues. Régulières, profondes, grises, ourlées de blanc sur leurs crêtes, elles viennent cogner contre le bateau qui tangue fortement et dont le roulis augmente. Peu sujette au mal de mer, Agathe se demande si son estomac va tenir bon cette fois face aux déferlantes hivernales de l'Atlantique. Elle ferme les yeux et accompagne en pensée le tangage du navire. Elle a entendu Jacques, le vieil ami d'Aimée à Antibes, donner ce conseil à un passager nauséeux.

Concentrée sur son corps, elle ne pense à rien d'autre et ne voit pas le temps passer. C'est donc avec surprise qu'elle entend la corne du ferry retentir trois fois pour signaler son arrivée, cinquante minutes plus tard.

La nuit est maintenant tombée, et Agathe peut voir les phares rouge et vert à l'entrée du port. Elle devine, à droite, la forme imposante de la citadelle construite par Vauban et dont elle a lu l'histoire pendant son trajet de train. Puis elle découvre une série de façades irrégulières.

Le bateau pénètre dans le port et amorce une manœuvre avant d'accoster le quai désert, si ce n'est la silhouette des marins chargés d'amarrer le navire à quai.

« Quelle arrivée austère ! » pense-t-elle en attrapant sa valise.

À la sortie du navire, elle fait quelques pas sur la cale grise et glissante, mouillée par la pluie autant que par la mer. En regardant ses baskets de ville, elle réalise qu'elle n'a pas la tenue adéquate et regrette de ne pas avoir emporté ses bottes de pluie et son imperméable.

Elle se demande aussi si elle ne regrette pas d'avoir refusé que Paul ne vienne l'accueillir ce soir. Elle pensait préférer rester seule pour ne pas se confronter à lui dès son arrivée, mais l'île lui semble soudain hostile. Heureusement Le Grand Hôtel de Bretagne où elle a réservé une chambre se trouve juste en haut de la rampe du quai et elle n'a donc que quelques mètres à faire pour retrouver un peu de vie.

Après avoir déballé ses quelques affaires, Agathe décide de faire un tour pour prendre l'air après son long voyage et pour ne pas ressasser ses pensées à la perspective de la rencontre du lendemain.

Mais dehors le vent s'est levé et des bourrasques la fouettent dès sa sortie. Elle longe le trottoir et se dirige à pas rapides vers l'arrière-port, contournant une maison dont les fenêtres basses sont éclairées d'une lumière chaleureuse. Elle recule d'un pas et parvient à lire sur la façade l'inscription « Pub Le Goéland » surmontée du dessin d'un immense oiseau saisi en plein vol. L'enseigne la décide à achever ici sa tentative de balade et à entrer se mettre à l'abri.

Une fois installée au chaud, elle commande un verre et le sirote. Bercée par les conversations qui l'entourent, elle se dit qu'elle pourrait bien rester dîner dans cet endroit où elle se sent étonnamment à l'aise. Elle pense malgré elle à la journée qui l'attend. Avant de partir, elle s'est promis à nouveau de ne rien espérer et ainsi de ne pas risquer d'être déçue, mais elle ne peut s'empêcher de s'interroger. Comment la rencontre va-t-elle se passer ? Elle ne sait presque rien de Paul. Elle se demande quel type d'homme il peut être et voudrait mieux comprendre la relation qu'il a entretenue avec sa mère, sa nature et sa durée.

Tout comme elle s'est questionnée au moment de rencontrer Wandrilles, elle se demande avec appréhension si Paul pourrait être son père.

Mais la seule évocation de cette idée lui donne cette fois-ci le vertige, comme si le fait de creuser l'enquête accentuait encore un enjeu qu'elle s'efforce, sans succès, de rendre léger.

Après avoir passé la soirée et la nuit sous la pluie, Agathe est réveillée par la lumière qui filtre à travers les rideaux. En les tirant, elle découvre un spectacle somptueux. Le soleil fait scintiller la mer dont la surface paraît frissonner sous l'effet du vent qui souffle encore fort. Quelques coques de bateaux piquent la scène de taches colorées. « On dirait un paysage de Nicolas de Staël », se dit-elle en souriant.

Avant l'heure du rendez-vous avec Paul, elle s'installe dans le restaurant de l'hôtel pour prendre le petit déjeuner face à la mer et lire l'édition du week-end du *Monde*.

Le percolateur fonctionne ici à plein régime tant les habitués sont nombreux. Les gars du coin viennent tour à tour boire un café au comptoir et Agathe capte des bribes de conversations animées qui fusent de toutes parts et dont quelques-unes ne manquent pas de pittoresque :

Au fait, t'as su ? Marie-Léone quitte le « caillou » et part s'installer à Auray.

Dis-moi, tu pourrais m'envoyer à Locmaria tantôt ?

Hé les gars ! Hier soir, Guégan a fait tomber sa remorque dans le port !

Aux éclats de rire qui suivent cette nouvelle, Agathe lève la tête de son journal pour découvrir celui qui l'a annoncée, un grand gaillard barbu un peu hirsute. Elle ne peut s'empêcher de sourire à son tour et de se réjouir de cette joyeuse animation. Elle repense à la soirée de la veille passée dans le pub voisin qui était rempli de la même énergie joviale et s'étonne de découvrir ici une telle convivialité. Elle se surprend à vouloir se mêler à eux et entamer la conversation, mais se reprend en pensant à son rendez-vous dont l'heure approche. Paul Weber doit la retrouver dans à peine trente minutes, ici même au Grand Hôtel de Bretagne, et elle ne voudrait pas rater son arrivée.

Elle a l'impression d'être partie de Paris depuis longtemps. Le trajet en bateau pour quitter le continent explique sans doute cette sensation. Ou peut-être se sent-elle simplement en paix ici. Les lieux peuvent avoir ce pouvoir, elle le sait.

Elle est plongée dans ses pensées quand elle entend une voix énoncer son prénom. Elle lève la tête pour découvrir un homme grisonnant, les cheveux ondulés avec une barbe de quelques jours. Il a le visage hâlé et buriné et de nombreuses rides encadrent ses yeux couleur noisette.

— Bonjour, je suis Paul, dit l'homme en lui tendant la main. Je ne pouvais pas te rater en rentrant ici ! Tu es le portrait de ta mère, poursuit-il.

Son tutoiement la surprend mais coïncide tout à fait avec le ton chaleureux de sa lettre. Elle se lève vivement et le salue en expliquant qu'elle entend cette phrase depuis qu'elle est enfant.

— C'est plus pratique pour te reconnaître, s'excuse-t-il en notant sa contrariété.

Il tire une chaise pour s'asseoir en face d'elle et hèle le serveur pour commander deux cafés.

Agathe l'observe et note son nez aquilin, ses lèvres charnues et ses traits réguliers. Elle essaye de retrouver le visage vu sur le Polaroïd caché dans les affaires de sa mère, mais y parvient avec peine. Elle devine qu'il a été beau, sans doute séduisant, mais les années, et les voyages sûrement, l'ont changé.

— Alors, comme ça c'est toi la fille d'Aimée, poursuit-il sans détour. Tu es au moins aussi belle que ta mère, continue-t-il, le sourire aux lèvres.

— Merci, répond Agathe un peu gênée.

— Elle devait avoir à peu près ton âge quand je l'ai connue. C'est fou comme le temps passe vite.

— Elle était plus jeune, corrige Agathe, mais merci d'avoir répondu et merci d'accepter de me consacrer un peu de temps.

— C'est la moindre des choses. Alors, dis-moi, qu'est-ce que je peux faire pour toi ?

— J'ai découvert des lettres dans les affaires de ma mère et tout un pan de sa vie que je ne connaissais pas. J'aimerais bien savoir, par exemple, comment vous vous êtes rencontrés ?

— On s'est connus lors d'une soirée sur une péniche, à Paris, chez un type un peu barjot qui organisait de sacrées fêtes. Je ne sais pas comment elle avait atterri chez lui ce soir-là. Je crois qu'elle le connaissait de vue, comme moi, dit-il en jouant avec le papier qui entoure le morceau de sucre servi avec le café. On a eu un coup de cœur réciproque, une évidence.

La voix de Paul est couverte par les conversations animées du café et Agathe a du mal à se concentrer. Il s'en aperçoit et se lève en lui disant :

— Je te propose de te raconter tout ça ailleurs. Je t'emmène faire un tour et voir quelques coins de l'île puis on pourra aller casser une croûte chez moi si ça te tente ? demande-t-il en déposant un billet de cinq euros sur la table. À quelle heure est ton bateau ce soir ? poursuit-il sans attendre sa réponse.

Agathe est impressionnée par la détermination qu'elle perçoit chez Paul et qui traduit sans doute une grande force de caractère.

Alors qu'ils marchent sur le quai, elle remarque qu'il boite légèrement. C'est une petite claudication de la jambe gauche, légère mais suffisamment marquante pour altérer sa démarche.

— Voilà ma Rolls, dit-il en désignant une vieille Renault 5 à trois portes bleu marine rongée par la rouille, garée au bout du quai.

Quelques instants plus tard, la voiture quitte le port et roule vivement sur la route principale de l'île. Agathe découvre alors un paysage de campagne, des champs labourés, d'autres en friche, des troupeaux de vaches et de moutons, des chevaux de trait. Elle est surprise et s'en étonne à haute voix.

— C'est une particularité de cette île qui vit de la mer et de la terre. Et du tourisme bien sûr, ajoute Paul en fronçant les sourcils. Ça, on s'en passerait bien parfois. Je t'emmène à la pointe des Poulains, un des coins les plus connus avec les aiguilles de Port-Coton. Ça donne le ton, tu vas voir !

Paul conduit vite et nerveusement, mais Agathe se sent en confiance. Arrivés à destination, tous deux descendent de voiture. Paul se dirige vers le sentier mais ne marche pas vite à cause de sa jambe. Agathe cale donc son pas sur le sien pour ne pas l'embarrasser.

Comme s'il devinait ses pensées, Paul explique :

— J'ai eu un accident de bateau et j'y ai presque perdu ma cheville. Plus d'os, plus de ligaments, plus rien. Un miracle que j'aie pu conserver mon pied. C'est de l'histoire ancienne maintenant mais cet épisode a signé la fin de ma carrière en régate. J'ai été numéro un pendant des années en parallèle de mon métier de photographe-reporter. Je ne pouvais pas m'arrêter. C'était comme une drogue. Suite à l'accident, j'ai été immobilisé pendant six mois. Après plusieurs opérations, il a fallu que j'accepte le fait que je ne pourrais plus régater ni même marcher comme avant. Fini aussi les long-courriers, parce que je n'avais plus le droit aux trajets en avion, et adieu les reportages à l'autre bout du monde. Et puis il y a eu le procès, poursuit Paul. L'accrochage a été causé par un bateau qui n'avait pas respecté la priorité. En mer, les skippers jouent la carte de la dernière minute dans les manœuvres pour tenter ainsi de gagner des secondes qui peuvent être précieuses.

Agathe connaît bien les règles de cette discipline pour avoir accompagné Morgan de nombreuses fois mais elle n'ose pas interrompre Paul qui poursuit :

— Mais cette pratique a des risques et provoque des chocs plus ou moins graves. Pour moi, on sait ce que ça a donné. Ça m'a obligé à changer de vie !

Tandis que Paul raconte encore, ils avancent sur le sentier jusqu'à découvrir un paysage spectaculaire. Au milieu d'une eau turquoise, séparé des terres par une langue de sable clair, un phare blanc se dresse, planté sur un bloc de schiste gris. La lumière vive de la matinée éclaire la scène et détache chaque élément avec précision. La pluie de la veille semble avoir nettoyé chaque infime portion du paysage. Agathe est émerveillée par l'impression de pureté qui se dégage de l'ensemble.

— C'est à la suite de ce drame que vous vous êtes installé à Belle-Île ?

— Il faut que tu me tutoies. Les « vous » me mettent mal à l'aise. Oui, je suis arrivé ici en 1998. L'île m'offre la tranquillité dont j'ai besoin. Et l'endroit reflète un peu mon caractère : une côte sauvage battue par les vents, et une autre plus douce, face au continent, dit-il en souriant. Je trouve aussi ici de bons produits, de l'agneau, des fromages de chèvre et puis surtout la mer, pour pêcher.

— Mais vous naviguez toujours ?

— « Tu » s'il te plaît, la reprend-il encore. Je n'ai jamais arrêté, hormis pendant les opérations et les séjours à l'hôpital. Mais fini les régates et les voiliers. J'ai un petit bateau à moteur dans le port de Sauzon, pas loin d'ici, dit-il en faisant un geste vers la droite. C'est bête que tu ne restes pas plus longtemps, j'aurais pu t'emmener. Ta mère aimait le bateau, elle aussi.

Agathe n'est pas surprise de l'entendre de la bouche de Paul car sa mère adorait la voile et l'emmenait souvent avec son ami Jacques faire des sorties dans le golfe d'Antibes. Elle comprend ce qu'Aimée a pu trouver à Paul. Il semble aussi vif et aventurier que l'était sa mère, tout ce qu'elle-même n'est pas, songe-t-elle en le regrettant presque.

Ils se tiennent côte à côte, en surplomb de la plage qui donne accès au phare perché sur son îlot.

— Quand la marée est haute, la mer recouvre l'isthme et empêche de rejoindre le phare à pied. Il ne faut pas se laisser surprendre au risque de rester coincé de l'autre côté. Tu n'imagines pas le nombre de touristes qui rentrent mouillés de l'eau jusqu'à la taille.

Agathe rit à cette évocation et le regarde plus attentivement. Paul est tel qu'il s'est décrit, un mélange de rudesse et de douceur. Et derrière ses aspérités, Agathe peut sentir toute sa sensibilité.

Ils restent un instant sans parler à contempler le paysage avant que Paul ne rompe le silence.

— Je te propose d'aller manger un morceau à la maison. J'ai relevé les casiers hier et j'ai un beau homard pour le déjeuner. Ça te dit ?

Agathe accepte avec enthousiasme. Elle est conquise par la personnalité spontanée de Paul, brut de pomme, aurait dit Julie.

La Renault 5 roule à grande vitesse en direction du village de Borderune. Paul explique à Agathe qu'il est le seul à y vivre à l'année et que sur l'île, même un hameau de quelques maisons est appelé un village. Agathe est impressionnée à l'idée de l'imaginer passer l'hiver dans le lieu isolé qu'elle aperçoit au bout de la longue route qui traverse la lande.

Derrière le mur qui protège le jardin clos, des fanions et des bouées de pêche gisent pêle-mêle et parmi le désordre des plantes, Agathe devine des hortensias séchés. À l'intérieur, c'est un autre genre de bazar qui règne. Dans la pénombre de la pièce, elle discerne des meubles en bois sombre, des tables encombrées de piles de livres, un canapé couleur caramel, une guitare contre une étagère, des bouteilles d'alcool alignées sur le buffet sous un grand miroir fendu.

Paul allume la lumière et s'excuse en expliquant ne pas être doué pour le rangement.

Le regard d'Agathe est attiré par une gravure ancienne accrochée au-dessus du canapé. Elle représente une panthère noire couchée telle un gros chat, dont toute la puissance et la force semblent cachées derrière une docilité apparente. Remarquant son intérêt, Paul dit en guise d'explications :

— Drouot, il y a cinq ans. J'ai craqué. Ce n'est pas un artiste connu mais j'ai eu un coup de cœur. Viens avec moi, dit-il en attrapant une bouteille de whisky et en l'invitant vers la cuisine.

Il sort du réfrigérateur un homard couleur bleu nuit et l'installe sur le plan de travail. Quelques minutes plus tard, il lui assène un coup sec sur la tête et le jette dans une casserole tout en détaillant à Agathe sa recette au whisky et au goémon dont il se sert pour faire cuire plus doucement le crustacé.

En attendant que le repas soit prêt, Paul la conduit au salon. Sur les étagères, elle peut voir des dizaines de boîtes à chaussures dont les étiquettes mentionnent des destinations et des années différentes.

— Ma vie d'avant, dit Paul en faisant un geste large.

En voyant qu'Agathe les regarde encore, il en attrape une, la pose sur la table et l'ouvre pour en sortir une poignée de photos.

— Celles-là devraient t'intéresser.

Sur un premier cliché noir et blanc, Agathe reconnaît sa mère, au bord de la mer dans un ciré marin trop grand pour elle. Derrière elle, de grosses vagues roulent leurs crêtes blanches. « Deauville, entend-elle Paul lui dire. On était partis de Paris sur un coup de tête en 2CV pour aller manger des fruits de mer. On avait roulé pendant des heures mais c'était la joie. »

Puis, elle retrouve Aimée sur une photo en couleur cette fois. Sa silhouette élancée est cintrée dans une jupe-culotte verte qui laisse apparaître des bottes en cuir brun clair. « Aimée était toujours chic, commente Paul, elle avait un sens inné de l'élégance. »

Sur une autre image, elle reconnaît Aimée et Paul posant avec un homme en costume. « Au vernissage de l'expo de Jan Fabre », indique Paul. Tous trois fument des cigares et ce détail rappelle à Agathe que cette scène se déroulait à une époque où les interdits n'étaient pas ceux d'aujourd'hui.

Agathe peut voir la jeunesse et l'insouciance de Paul et de sa mère. Elle voit aussi leur beauté, leur passion et leur vraie liberté.

« Ma mère a vraiment vécu sa vie à fond, pense-t-elle en regardant avec attention les clichés que Paul lui passe. Et moi ? se demande-t-elle. J'en suis où, moi ? »

Ils sont interrompus par la sonnerie du minuteur qui indique la fin de la cuisson du homard. Quelques instants plus tard, ils dégustent la chair ferme et savoureuse du crustacé.

Au bout d'un moment, Agathe décide d'interrompre la discussion qui roule sur la pêche et avoue à Paul avoir lu sa lettre et savoir qu'il a quitté Aimée. Elle lui demande alors pour quelle raison il a rompu, quand tous deux semblaient si amoureux.

— C'est vrai, c'est moi qui l'ai quittée, acquiesce-t-il après un instant de silence. On a vécu des mois de passion mais on a vite été rattrapés par le quotidien. Mes nombreux voyages et la distance nous ont éloignés. Et la vie courante et la banalité ne nous allaient pas. Ta mère avait besoin d'exceptionnel et de paillettes, tant de choses que je ne pouvais pas lui apporter sur le long terme. Je n'avais pas les moyens du luxe et du confort qui allaient avec.

Paul marque une pause. Plongé dans ses souvenirs, il fait tourner le bouchon de la bouteille de vin entre ses doigts.

— Je savais aussi que je ne pourrais pas lui offrir une vie de famille, poursuit-il. Même si elle n'en parlait pas, je me doutais que le sujet finirait par tomber. D'ailleurs, tu es là et tu es bien la preuve qu'elle aurait voulu des enfants un jour ou l'autre.

— Je ne suis pas sûre que ma mère ait réellement choisi de me mettre au monde, tranche Agathe d'un ton plus sec qu'elle ne l'aurait voulu. Et elle ne m'a d'ailleurs jamais dit qui était mon père, ajoute-t-elle alors, ayant conscience que ses mots risquent de faire l'effet d'une bombe.

— Tu ne sais pas qui est ton père ? s'exclame Paul.

— J'ignore si Aimée le savait elle-même, dit Agathe dans un souffle.

— Mais alors elle t'a élevée seule ? s'exclame-t-il. Je n'aurais jamais imaginé Aimée en mère célibataire. Surtout à l'époque et dans son milieu !

Agathe reste muette. Elle n'avait jamais vu les choses sous cet angle-là et s'étonne de cette première réaction de Paul. Elle est un peu froissée de voir qu'il pense d'abord à Aimée et pas à elle ni à ce qu'elle a dû vivre.

Mais aussitôt, il poursuit :

— Je sais qu'elle avait d'autres hommes dans sa vie. J'étais au courant, dit-il avec gravité. En tous les cas, une chose est sûre, je ne suis pas ton père. Je ne peux pas avoir d'enfants, tranche-t-il. J'ai été atteint des oreillons à

25 ans lors d'un voyage au Cambodge. Les médecins ont été formels. Couic, fait-il en passant sa main sur sa gorge. Tous les spermatozoïdes y sont passés. Pas de regret, j'aurais été un père terrible.

À cette annonce, Agathe éprouve un mélange de tristesse et de déception qu'elle a dû mal à comprendre. Elle est aussi en colère qu'il parle de cela avec tant de détachement.

Paul propose un café et un morceau de chocolat en guise de dessert et Agathe le regarde manipuler un percolateur haut de gamme qui détonne dans la cuisine meublée de bric et de broc.

— J'adore le café, explique Paul. Cette machine est mon luxe, je me régale tous les jours et ça n'a pas de prix !

Il l'invite à nouveau à le suivre dans le salon, portant un plateau chargé de tasses et du chocolat. Il reprend alors les photos abandonnées sur la table basse et continue à égrener ses souvenirs avec Aimée. Arrive une série de Polaroïd dont est issue la photo qu'Agathe a trouvée dans le coffre de sa mère.

— J'ai la même à Paris, s'écrie Agathe.

— C'est un de mes plus beaux souvenirs avec Aimée, explique Paul. C'était à Lanzarote. On était partis en ferry depuis Cadix. La traversée avait duré plus de 24 heures, mais ta mère était aux anges. Elle s'enthousiasmait de tout. Là-bas, on avait loué une maison pas loin de la villa de César Manrique, un architecte qu'Aimée connaissait et chez qui on a passé des soirées formidables. Je vais essayer de te retrouver les photos de sa maison pour te montrer : on aurait dit qu'elle se lovait dans la roche volcanique.

Tout en fouillant dans la boîte de photos, il continue de se confier.

— Je n'oublierai jamais ta mère. C'était une personne extraordinaire. Je n'ai plus jamais rencontré quelqu'un qui ait son énergie, sa fantaisie, sa détermination et son indépendance. Pas même sa douceur ni sa tendresse.

Mais elle était aussi idéaliste. C'était une fonceuse. La connaissant, elle a dû vite tourner la page après notre séparation.

Agathe est émue devant la sincérité de cet homme qui ne lui doit rien, surtout pas cette honnêteté. Elle mesure combien il a dû aimer sa mère et lui est reconnaissante de l'image nouvelle qu'il lui donne d'elle et qui vient changer le souvenir qu'elle en garde. Elle est aussi touchée par son franc-parler, sa personnalité faite d'un bloc. Il aurait été un bon père malgré ce qu'il en dit, pense-t-elle, quelqu'un de solide.

Elle a soudain envie de prendre une de ces photos et de l'emporter avec elle, comme pour s'emparer un peu de l'amour qu'ils ont partagé et pour se rappeler que sa mère n'enchaînait pas les histoires par peur de s'engager mais parce qu'elle ne craignait pas de vivre pleinement ses sentiments. Elle voudrait aussi emporter un souvenir de Paul.

Elle prétexte avoir froid et lui demande un vêtement chaud. Il lui prête un pull marin couleur rouge brique. Elle sait qu'elle ne le lui rendra pas.

L'heure tourne et le moment est venu pour Agathe de partir. Paul la raccompagne jusqu'au port. Sur le quai, ils s'embrassent avec une sympathie réelle, et c'est à regret qu'elle le quitte, mesurant l'intensité de leur rencontre, aussi rapide fut-elle.

Une fois sur le bateau qui la ramène vers le continent, Agathe abandonne l'idée de s'arrêter à Vannes pour visiter le centre d'art de Kerguéhennec comme elle l'avait imaginé. Elle a envie de rentrer à Paris. Ses échanges avec Paul l'ont plus émue qu'elle n'imaginait et elle rêve de se retrouver chez elle, en terrain connu.

Ces discussions lui apportent un nouvel éclairage sur la personnalité d'Aimée et lui font reconsidérer ses jugements. Elle a besoin de temps pour penser. En partant à la rencontre de celui qui aurait pu être son père, elle en a appris plus sur sa mère et a le sentiment de mieux la comprendre. Cette prise de conscience est à la fois fulgurante et apaisante.

17.

Deux jours ont passé depuis son retour de Bretagne, deux jours durant lesquels Agathe s'est sentie sereine. Elle a le sentiment d'une coupure et d'un « avant – après ». Partir à Belle-Île a été pour elle une manière de larguer les amarres et de couper avec Paris, ce qui lui a permis de prendre de la distance.

Sa rencontre avec Paul a aussi participé à ce mouvement intérieur. Sa personnalité, ses choix de vie, sa passion pour la mer et les voyages, son exigence et son franc-parler, tout cela lui a révélé ce que sa mère incarnait, elle aussi, puissamment : la force d'être soi et la nécessité de vivre ses rêves. Plus que jamais Agathe se sent prête à passer à l'action et à mettre en place son projet. « Ne pas tourner autour des choses mais les faire tourner autour d'elle », disait Aimée. Elle comprend maintenant avec intensité ce que cela peut signifier.

Aidée par Paul à voir sa mère sous un autre jour, elle prend désormais en compte ses différentes facettes. Aimée a eu plusieurs vies et n'a caché aucun aspect de sa personnalité. Elle les a toutes vécues à fond, sans frein, sans mensonge. Pour la première fois, Agathe ne pose plus un regard négatif sur elle et considère même avec tendresse la soif qu'elle a eue de tout expérimenter, tout voir, tout vivre, en se moquant souvent de la bienséance, des limites ou des dangers.

Aujourd'hui, elle se sent inspirée par cette énergie qui agit tel un aiguillon, lui intimant d'avancer plus vite. Elle embrasse l'urgence de prendre une étude à son nom et de se concentrer sur cette future étape de sa vie.

Bien que l'issue du financement qu'elle a imaginé soit incertaine, bien qu'elle soit consciente de la rareté des cessions d'études à Paris et de la rude concurrence dans le domaine, elle veut s'y atteler comme si ce projet allait voir le jour.

Les bureaux de Tajan sont déserts. Il n'est pas loin de 20 heures et les collègues d'Agathe ont quitté leur poste depuis un certain temps déjà. Ce soir, au calme, elle travaille à ses idées et liste les points en suspens et les choses à régler, veillant à ne rien laisser au hasard.

Elle identifie notamment les prestataires possibles et note qu'elle aura besoin d'un logo, d'une identité graphique, d'une papeterie à en-tête. Au sujet du nom à donner à son étude, elle s'interroge encore. Étude Valmy ? Ne serait-ce pas trop court et trop simple ? Ne manquerait-il pas l'esperluette, « & », ce fameux signe tout en courbes et en rondeurs, qui marque la collaboration et qui est présent dans tant d'études où les commissaires sont associés ? Mais elle ? À qui s'associe-t-elle si ce n'est à elle-même ?

Elle se donne une semaine pour arrêter un nom et décide alors de ranger ses dossiers. Il est l'heure de se préparer pour aller au cocktail de Van Cleef & Arpels qui a lieu ce soir même.

La veille encore, elle a hésité un instant à honorer l'invitation acceptée un mois plus tôt. « À quoi bon y aller ? » s'était-elle demandé, en partie parce qu'elle est absorbée par son projet mais aussi parce qu'elle redoute d'y croiser Ashok. Finalement, après un moment de doute, elle a retrouvé sa motivation et son intérêt. La perspective d'y apprendre plus sur l'histoire de la maison et d'y retrouver Madame Girard la réjouit déjà.

Elle se rend aux toilettes pour changer ses collants noirs opaques contre une paire à 15 deniers et enfile les escarpins qu'elle laisse au bureau pour les ventes ou les réceptions. Elle se coiffe et se maquille avec application. Parmi les nombreux tubes de rouges à lèvres de sa mère, elle en a retrouvé un, le numéro 36 dit « Lune rousse », d'une couleur qu'elle aimait particulièrement quand elle était adolescente. Elle pose ensuite un trait d'eye-liner au-dessus de ses paupières puis se parfume légèrement. Elle a prévu de porter une étole de soie rose brodée de fils d'or qui avait appartenu à Aimée. C'est une pièce signée d'un couturier qu'elle n'a pas réussi à vendre, et qu'elle a gardée comme un certain nombre de vêtements et d'accessoires du dressing de sa mère, ne s'étant pas résolue à les donner. Elle passe aussi à son poignet le bracelet en bois d'ébène signé de la main du joaillier. « Il sera parfait pour l'occasion » a-t-elle pensé en l'emportant le matin même.

Elle est prête et s'observe dans la glace en pied qui lui renvoie l'image d'une personne plus colorée et plus féminine qu'elle ne l'est habituellement : coupe à la Louise Brooks, manteau évasé dans le style des années 1950, escarpins élégants, et cette couleur rose qu'elle n'a pas pour habitude de porter. L'espace d'un instant, il lui semble voir sa mère. C'est fou combien elle lui ressemble ! C'est tellement troublant !

Elle se demande si elle devrait changer quelque chose, puis se ravise. Elle se plaît comme ça et se sent prête pour se rendre chez le joaillier.

Le carton d'invitation indique 20 heures, mais Agathe a toujours évité de faire partie des premiers invités, préférant arriver un peu plus tard pour se fondre dans le flux des convives.

En appelant l'ascenseur, elle repense à ses deux visites chez Van Cleef & Arpels dont la dernière date de début août, trois mois auparavant. « Combien de choses se sont passées depuis ! constate-t-elle en éteignant la lumière des bureaux. Presque un changement de vie ! »

Une fois dans la rue, elle prend la direction de la place Vendôme. Elle frissonne en sentant le vent de novembre lui glacer le front et elle resserre l'étole rose qui lui protège le cou.

En empruntant la rue de la Paix elle aperçoit la silhouette de la colonne Vendôme se détacher au loin. Quelques pas encore, et la voilà arrivée à l'entrée de la place. Les illuminations de Noël sont déjà allumées et des dizaines de sapins sont décorés de guirlandes lumineuses. C'est chic et élégant mais un peu froid, juge Agathe en longeant les vitrines, vides à cette heure, et en se dirigeant vers le numéro 22.

Un tapis rouge la mène jusqu'à une porte située sous le porche à côté de la boutique où deux jeunes femmes l'accueillent en souriant en dépit du courant d'air glacial qui souffle ici. Agathe tend son invitation, un carton bleu nuit sur lequel est embossée en argent à chaud une petite ballerine sous un ciel étoilé. Au dos, son nom est écrit dans de belles lettres calligraphiées à l'encre argentée.

Après avoir confié ses affaires au vestiaire, Agathe entre dans la pièce principale éclairée par des lumières bleues qui créent une atmosphère de conte de fées. Elle a l'impression de pénétrer dans un monde enchanté.

Sous des vitrines en forme de cloche, des ballerines de taille miniature, toutes faites d'or et de pierres précieuses, semblent danser tant elles sont délicates. L'une des danseuses est en train d'effectuer une arabesque : sa silhouette en or blanc reproduit fidèlement le mouvement cambré, son tutu est serti de diamants qui étincellent et contrastent avec la profondeur des pierres noires qui les encadrent. Le visage de la figurine est réalisé à l'aide d'un unique diamant de la forme d'une poire. À l'arrière de sa tête, un chignon bas est sculpté dans le métal et à ses pieds, Agathe discerne de ravissants chaussons sertis de diamants.

Elle est saisie par la délicatesse et le réalisme du bijou. La beauté du mouvement, la précision du geste, l'expression de la danseuse, tout l'interpelle. Elle ignorait que le joaillier réalisait ce type de pièces et même si elle n'apprécie pas habituellement les bijoux figuratifs, elle admet qu'elle est conquise par la grâce qui s'exprime ici. Sur le cartel, elle peut lire : Clip Ballerine Swan Lake, or blanc, diamants, spinelle noir.

La figurine évolue parmi les arbres enneigés découpés dans des papiers bleus et argentés. Agathe a une pensée pour les maisons de poupée que sa mère l'emmenait voir passage Jouffroy. Elle se souvient du magasin « La boîte à Joujoux », de la boutique « Pain d'épices » et de l'émerveillement que lui procuraient les miniatures qui s'y trouvaient. Lui reviennent aussi en mémoire les enseignes qui étaient représentées et allaient de la pâtisserie à la quincaillerie, en passant par le bistrot « Chez Germaine ».

Elle n'a plus pensé à cette époque depuis des années et se souvient combien elle aimait ces moments passés avec sa mère à flâner, à manger une glace ou une gaufre selon la saison, à faire des concours de grimaces dans les miroirs sans tain des vieilles vitrines du passage. Elle repense à la complicité qui les unissait alors et reconnaît que sa mère lui consacrait beaucoup de temps et savait revenir à l'enfance pour rire et vivre avec elle. « Tout n'a pas toujours été tourné vers son plaisir, en fait, s'avoue-t-elle. Et tout n'est pas tout noir ni tout blanc, finalement. »

Agathe s'apprête à découvrir les autres bijoux quand la directrice de la boutique, Sophia Duca, l'aborde et lui tend la main en souriant. Agathe s'étonne qu'elle ait retenu son nom alors qu'elle ne l'a vue qu'une fois et se dit qu'être une bonne directrice doit aussi impliquer la qualité de posséder une excellente mémoire.

— Je suis heureuse de vous accueillir, poursuit Sophia Duca. Ici, vous pouvez voir les créations contemporaines, dit-elle en présentant l'espace dans lequel elles se trouvent. Dans la salle du fond, vous découvrirez une exposition de pièces patrimoniales qui illustrent les liens que la Maison entretient avec la danse depuis les années 1940. Au premier, vous pourrez admirer la collection de haute joaillerie. Je vous propose d'ailleurs de vous accompagner pour la découvrir dès maintenant.

Toutes deux empruntent un escalier qui les conduit à l'étage, lui aussi transformé dans le même décor nocturne et merveilleux. Cette fois, Agathe croit avancer dans une forêt par une nuit de pleine lune. Des petits espaces comme des clairières accueillent des vitrines qui brillent de mille feux. Agathe peut y voir des colliers, des bracelets, des bagues, des pendentifs, des motifs d'oreille dont les diamants rivalisent d'éclat. Ces créations sont d'un style plus abstrait et incarnent la grande tradition de la joaillerie dite « blanche », lui explique Sophia Duca.

Agathe avoue son ignorance sur le sujet et la directrice la renseigne alors :

— Il s'agit d'une tradition esthétique née dans les années 1920 du goût pour le platine et le diamant. On parle de joaillerie « blanche » par opposition à la joaillerie colorée qui utilise des pierres précieuses ou ornementales et des ors jaunes et roses.

Agathe découvre des pièces épurées, des lignes sobres et contemporaines et confie à la directrice son étonnement et son admiration.

— Plusieurs collections sont exposées ici, poursuit cette dernière. Certaines s'adressent à une clientèle traditionnelle et d'autres à des clients plus jeunes, mais toutes présentent une unité. Par exemple, ce motif en forme de fleur ou de « flocon de neige » se retrouve dans différentes pièces et son dessin peut aller du plus sobre au plus complexe. C'est l'une de nos signatures, conclut-elle.

Le plaisir qu'éprouve Agathe a quelque chose d'enfantin. L'enchantement du décor, la pureté des diamants, la délicatesse des ballerines, tout l'emporte. Elle est émerveillée.

Arrivées dans la dernière salle, toutes deux font demi-tour pour revenir sur leurs pas et retrouver l'escalier qui mène au rez-de-chaussée.

C'est à cet instant qu'Agathe l'aperçoit. Elle voit sa silhouette se découper nettement dans la lumière bleue et reconnaît sa taille haute, son port de tête, sa stature. Sans même voir son visage, elle sait qu'il s'agit d'Ashok. Elle ne sait l'expliquer, mais elle est certaine que c'est lui.

Une sorte de panique la saisit et elle manque de trébucher. Elle voudrait faire demi-tour pour ne pas le croiser. L'idée de lui parler la met mal à l'aise alors qu'elle a mis fin si abruptement à leur dernière entrevue. Elle regrette soudain d'être venue et d'avoir pensé qu'elle serait assez forte pour l'affronter. Son cœur bat si vite qu'elle peut l'entendre cogner et elle sent sa gorge se serrer et s'assécher. Mais la directrice continue d'avancer et elle est obligée de la suivre. La rencontre paraît désormais inévitable. Agathe espère encore un instant qu'Ashok sera concentré sur une vitrine au moment où elle le doublera mais elle manque de pousser un cri en voyant soudain Sophia Duca se diriger vers lui.

— Ashok ! Quel plaisir de vous voir ce soir ! Quelle chance que vous ayez pu venir !

Ashok se retourne alors et la salue en retour, tout en apercevant en même temps Agathe.

— Bonsoir Sophia ! Et bonsoir Agathe ! dit-il avec chaleur.

Agathe répond, gênée et confuse. Elle est à la fois mortifiée et heureuse de le revoir, notant la couleur de l'écharpe de soie qu'il porte à nouveau et qui cette fois est d'un bleu indigo éclatant.

Sophia Duca ne s'aperçoit de rien et les invite tous deux à visiter l'exposition patrimoniale. En descendant l'escalier, Ashok s'adresse à Sophia Duca et à Agathe comme si de rien n'était et leur fait part de sa découverte, très récente, de la danse contemporaine. Il raconte qu'il a étudié en Suisse où il vit encore une partie de l'année et que, trois ans plutôt, il a assisté par hasard à un spectacle d'Anne Teresa De Keersmaeker au théâtre Vidy à Lausanne.

— Ce fut une révélation et un émerveillement. Jamais je n'aurais pensé un jour m'intéresser à la danse. J'ai tout à apprendre ! s'exclame-t-il.

Il se tourne vers Agathe pour lui demander si elle-même connaît le domaine.

— Jeune, j'ai pris des cours de danse classique pendant des années puis j'ai découvert la danse contemporaine à l'adolescence, ce qui est devenu une passion. Pendant longtemps, j'ai été abonnée au théâtre de la Ville mais je n'y vais plus, s'entend répondre Agathe.

Elle est surprise par la facilité avec laquelle elle se glisse dans la conversation. La gêne qu'elle ressentait quelques instants plus tôt semble s'être envolée et l'épisode si gênant du Centre Pompidou lui paraît oublié.

— Quels chorégraphes aimez-vous ?

— Oh ils sont nombreux ! Caroline Carlson par exemple, William Forsythe, Maguy Marin, Cunningham, et aussi Trisha Brown, dit-elle avec entrain en se demandant pourquoi elle a arrêté d'assister à ces spectacles que sa mère aimait aussi et où elles allaient ensemble.

Ashok est sur le point de l'interroger à nouveau mais voilà qu'ils entrent dans la salle où se tiennent les pièces anciennes de la collection du joaillier.

Sophia Duca leur explique que l'un des frères de la famille, Claude Arpels, était passionné de danse et a fait la connaissance du chorégraphe Georges Balanchine à New York. De cette rencontre est né un ballet en trois actes, *Jewels*, dédié aux diamants, aux émeraudes et aux rubis. À l'entrée de la salle, une photo d'époque présente d'ailleurs Georges Balanchine, accompagné de la première danseuse étoile Suzanne Farrell et de Claude Arpels, dans la boutique du joaillier. Vêtue d'un tutu, la ballerine porte une parure de bijoux étincelants et prend la pause pour le photographe.

Un peu plus loin, Ashok s'arrête devant un clip et dit à Agathe sur un ton plus intime :

— Cette pièce est fantastique, le jeu des rubis et des émeraudes sur le jupon est extraordinaire, regardez ! Le dialogue des pierres entre elles me fascine.

Il se tait et Agathe cherche quelque chose à dire mais il reprend :

— Au-delà de leur taille et de leur poids, la vraie valeur des gemmes réside pour moi dans leur feu, dans leur âme. Peu importe le nombre de carats et son origine, c'est la vie intérieure d'une pierre et l'émotion qu'elle procure qui me passionnent. Et vous voyez ici combien l'art du joaillier réside aussi dans la façon de marier les couleurs entre elles.

Agathe se souvient avoir déjà entendu Ashok parler ainsi, avec cette passion, lors de leur visite de l'atelier, mais elle n'en est pas moins touchée. Elle décèle que cette fougue peut lui donner l'air hautain et professoral qu'elle lui trouvait au début et qui l'agaçait mais elle comprend qu'il n'en est rien.

Tandis qu'ils poursuivent leur visite, elle lui demande comment il en est venu à s'intéresser aux pierres précieuses.

— Parce que l'histoire des pierres est aussi celle des hommes, dit-il en la regardant soudain. Depuis des milliers d'années, et ce avant Jésus-Christ, l'homme s'est servi des minéraux pour se parer et pour montrer sa puissance. Mais ce qui est considéré comme désirable évolue au fil du temps et des civilistions. Par exemple en Inde, les pierres n'étaient pas taillées à facettes mais en forme de cabochon, et étaient retenues dans des sertis clos, dit-il en montrant la bague qu'il porte à la main droite et qu'Agathe connaît déjà. Ce qui intéressait alors était la couleur et la profondeur de la pierre et non son éclat. Voir évoluer les goûts des civilisations et ce à quoi elles accordent de la valeur me passionne, tout autant d'ailleurs que l'adresse et la virtuosité des artisans.

Puis il ajoute sur le ton de la confidence :

— Petit, j'avais une collection de pierres, des *mica*, des cristaux de roche, des améthystes, des quartz. J'avais des agates aussi ! dit-il en la regardant soudain de cet air perçant qu'elle connaît et qui la saisit à nouveau.

Cette remarque la fait rougir. Elle croit sentir le désir de cet homme et, pour couper court à son émotion et échapper à la gêne qu'elle ressent, cherche aussitôt une excuse pour s'éclipser. Elle prétexte un gros dossier à finaliser avant le lendemain et prend congé du plus vite qu'elle peut.

Ashok est surpris par ce départ précipité mais la salue chaleureusement, imité par Sophia Duca, avec qui il s'éloigne pour poursuivre la visite de la collection.

Une fois dehors, Agathe se fait surprendre par le froid rendu plus vif encore par le vent de novembre.

En attendant un taxi, elle regrette d'être partie ainsi et d'avoir si mal géré ses émotions. Elle est forcée d'admettre qu'elle a beaucoup apprécié le moment qu'ils viennent de partager et se sent décontenancée par ses propres contradictions. Ashok lui plaît et la dérange, la séduit et l'impressionne. Elle ne sait plus quoi penser.

Près d'un quart d'heure plus tard, elle le voit sortir de la boutique tandis qu'elle attend toujours le taxi qu'elle a commandé.

Il s'approche d'elle, l'air interrogateur.

— Mon taxi n'arrive pas, explique-t-elle.

— Il y a un match OM-PSG ce soir. J'imagine que tout le monde le regarde. Si l'OM gagne, ce serait historique ! glisse-t-il en la surprenant un peu plus. Ma voiture est là, dit-il en faisant un geste vers une berline noire, je peux vous déposer si vous voulez.

Elle refuse poliment en disant que son taxi sera là dans quelques instants. Elle n'a pas envie de se retrouver en tête à tête avec Ashok et encore moins dans une voiture. Et puis accepter ce trajet avec lui la conduirait sans doute à évoquer l'épisode du Centre Pompidou, ce qu'elle veut à tout prix éviter.

Ashok n'insiste pas et la salue une dernière fois en lui disant avoir été ravi de la revoir.

— Bonne soirée, répond-elle en le regardant s'éloigner et en se disant qu'elle a fait le bon choix.

18.

Durant les semaines qui suivent, Agathe se concentre sur une vente d'art urbain qui lui prend tout son temps. Elle ne s'avoue pas qu'elle se laisse volontairement accaparer pour éviter de repenser à Ashok et de se questionner à son sujet. Un mois s'écoule ainsi sans qu'elle voie le temps passer et sans qu'elle ait non plus l'occasion d'avancer sur son propre projet.

Elle collabore avec un consultant externe, Diego Escobar, spécialiste du *street art* qui se comporte comme une diva et ne cesse de changer d'avis. Leur relation est tendue depuis le début et devient maintenant conflictuelle à l'approche de la vente. Et puis les artistes concernés sont vivants et peu coutumiers du monde des galeries et du marché de l'art, ce qui complexifie encore les choses. Rien n'est facile dans ce projet. Au cours des dernières semaines, Agathe a senti les tensions s'accumuler. Elle est aussi lassée des œuvres en question, réalisées à la peinture aérosol ou au pochoir. Paradoxalement, ce mouvement né dans la rue et qui vise à s'affranchir des conventions artistiques manque à ses yeux de créativité, comme si les auteurs avaient eu besoin de créer un langage si codifié qu'il en perdait, à force, sa vigueur.

Parmi tous les artistes qu'elle a découverts – Whils, Faile, Dran, Ludo, Baste ou encore Rero –, elle préfère JR et Shepard Fairey, et tant pis s'ils sont « populaires » comme lui a fait remarquer son collègue Rémi. Tous deux l'intéressent et elle prend plaisir enfin dans ce projet à rédiger les mentions sur leurs œuvres.

La période des fêtes approche finalement et les congés de fin d'année qui s'annoncent obligent Agathe à ralentir le rythme et à revoir ses priorités. En ce dimanche 21 décembre, elle marche dans Paris, le long de la Seine jusqu'à arriver à la hauteur de la cathédrale Notre-Dame. Elle peut voir sur le parvis un immense sapin décoré de centaines de lumières qui tutoie la rosace de la façade gothique.

Depuis des semaines, la ville entière s'affiche aux couleurs de Noël. Rues, lampadaires, vitrines, halls d'immeuble, fenêtres, aucun espace ne semble échapper à la fièvre des décorations de fin d'année. Tout est or, rouge, vert, tout scintille et chacun semble rivaliser de créativité pour enguirlander, décorer, suspendre et allumer. Des traîneaux, des pères Noël, des branches de houx, des étoiles envahissent l'espace tandis que les guirlandes clignotent et les chansons traditionnelles résonnent.

Mais pour la première fois, Agathe n'apprécie pas cette atmosphère de fête. Elle qui a toujours aimé l'ambiance du mois de décembre et la chaleur des lumières, des rouges et des ors, elle qui apprécie tant les vitrines des grands magasins qu'elle contemple tard la nuit quand les touristes et les familles sont partis, elle qui raffole des chocolats des calendriers de l'Avent, des gâteaux de Noël, des *panettone* ou des *stollen* alsaciens, elle ne parvient pas à retrouver sa joie.

Cette année, le cœur n'y est pas. Elle se sent seule et pense à sa mère et aux réveillons qu'elles ont passés ensemble. Chaque Noël était l'occasion pour Aimée d'inviter des amis ou des connaissances dans son grand appartement. D'aussi loin qu'Agathe se souvienne, Noël a toujours été une réunion d'invités hétéroclites : des nobles désargentés côtoyaient des artistes bohèmes ; des cousines au troisième degré dînaient à côté de célibataires délurés. La fête était haute en couleur, l'ambiance folklorique, le champagne coulait à flots et l'appartement était éclairé d'une multitude de bougies. Une année, le feu avait même failli prendre quand l'une d'elles avait enflammé un tapis. Heureusement, un convive l'avait éteint avec l'eau glacée d'un seau à champagne.

Une autre année, tout le monde s'était déguisé sur le thème des années folles ; une autre encore, un riche Mexicain avait invité des musiciens *mariachis* et apporté une *piñata* – une poupée pleine de bonbons qui en avaient jailli lorsqu'Agathe l'avait frappée à l'aide d'un bâton. L'année de ses 14 ans, une équipe de régisseurs du

Théâtre national de Chaillot était allée jusqu'à créer des décors inouïs pour l'occasion.

Ces Noël loufoques ont enchanté l'enfance d'Agathe. Pas une fête ne ressemblait à une autre et elle en garde des images joyeuses.

Une fois adulte, elle a continué à passer les fêtes avec sa mère. Même si elle ne déposait plus de carottes devant la cheminée pour les rennes du père Noël, elle continuait à se glisser avec bonheur dans la magie de ces soirées libres et folles au cours desquelles les convives, heureux d'échapper à leurs familles ou au contraire à leur solitude, jubilaient de festoyer ensemble et se régalaient de leur réunion fortuite chez Aimée. En y repensant, Agathe est nostalgique de ces moments heureux et regrette de ne pas célébrer Noël avec la flamme et le brin de folie de sa mère.

Tout en marchant, elle réalise combien l'évocation de ces souvenirs avec sa mère l'émeut et l'attendrit. Ce sentiment de douceur n'est pas nouveau et la gagne depuis plusieurs semaines. Il fait surface par petites touches et vient remplacer la colère qu'elle éprouvait à son encontre. Les jugements qu'elle portait sur elle s'adoucissent et sont contrebalancés par la force des images et des sentiments qu'elle conserve.

Elle s'étonne de constater combien la mort peut transformer et magnifier la mémoire des personnes disparues, qui passent de tyranniques à caractérielles, de dépressives à nostalgiques, d'apathiques à réservées, comme si la disparition avait ce pouvoir d'embellir les êtres, d'atténuer leurs défauts, de souligner leurs qualités.

La rencontre de Wandrilles puis de Paul et leurs témoignages sur Aimée ont encore radouci son jugement et changé sa perspective. Elle a bien senti que ces hommes n'ont pas été pour elle de simples aventures et comprend qu'Aimée n'était pas seulement cette femme séductrice et frivole qu'elle condamnait. Elle était bien plus que ça, s'autorise-t-elle enfin à formuler. Elle s'interroge sur ce qu'Aimée a pu ressentir et se demande si elle n'a pas passé sa vie à chercher l'amour idéal qu'elle n'aura jamais trouvé. Elle aurait collectionné les amants parce qu'elle cherchait l'homme parfait. Loin de la femme forte et volage qu'Agathe croyait avoir saisie, elle était sûrement idéaliste, utopiste, et plus rêveuse et fragile qu'elle ne le pensait. Soudain Agathe ressent pour elle ce qu'elle n'a jamais connu : l'empathie.

Arrivée à la hauteur du pont des Arts, elle s'accoude à la balustrade. Elle a appris que la structure du pont menaçait de s'effondrer sous le poids des milliers de cadenas accrochés aux structures de fer forgé comme autant de gages d'amour éternel scellés dans la capitale de l'amour. Le projet de la mairie de Paris serait de remplacer la balustrade par des parois de verre, a-t-elle pu lire, pour protéger le pont. Quel dommage, pense-t-elle.

Elle regarde une péniche passer sous le pont Neuf, descendant la Seine à vive allure. En la voyant glisser sur le fleuve accompagnée de mouettes qui volent au-dessus d'elle, Agathe a une pensée pour Paul qui doit passer les fêtes à Belle-Île-en-mer. Son cœur se serre en l'imaginant seul dans sa maison battue par les vents, en bord de lande. Elle a souvent pensé à lui depuis leur rencontre de novembre et se promet de l'appeler.

Elle est plongée dans ses pensées quand elle sent vibrer son téléphone dans la poche de son manteau. Elle enlève ses gants pour le consulter et découvre avec surprise le nom d'Ashok sur l'écran. Elle est stupéfaite et l'ouvre pour le lire.

« *Chère Agathe,*

Je vous espère au mieux.

Je vous souhaite avec un peu d'avance un joyeux Noël et vous adresse mes meilleurs vœux pour la nouvelle année, en formulant celui de vous revoir.

Ashok. »

Agathe reste interdite et relit le message une deuxième fois pour s'assurer de son contenu. Son cœur bat un peu plus vite. Elle se sent flattée qu'il pense à elle et se surprend à sourire alors qu'elle range son téléphone et remet fébrilement ses gants, décontenancée.

Elle quitte le pont des Arts et décide de rentrer à pied pour calmer son agitation. Une fois l'excitation et le plaisir passés, son agacement refait encore surface à l'égard d'Ashok. Elle se sent vulnérable et redoute les émotions qui la traversent et sur lesquelles elle n'a pas de prise. Elle craint aussi l'autorité qu'elle devine chez lui et qu'elle a ressentie si fortement lors de leur entrevue au Georges. Elle le juge à nouveau et se dit qu'il doit être ce genre d'hommes qui obtient ce qu'il veut des autres et cela l'inquiète. Elle a peur du pouvoir qu'elle pourrait lui donner sur elle et craint qu'il ne lui fasse perdre l'équilibre précieux qu'elle réussit à maintenir depuis la mort d'Aimée.

Elle choisit de faire taire l'attirance et l'intérêt qu'elle éprouve pour lui, tout comme cette sensation de chaleur qui se diffuse dans sa poitrine. Pour ne pas se mettre en danger, elle décide d'ignorer son message et de ne pas lui répondre.

Une fois sa décision prise, elle se sent libérée d'un poids et se promet, une fois encore, de l'oublier. Et pour ne plus lui laisser aucune place, elle se met enfin à réfléchir à la fête de Noël qui se tient dans trois jours. Il est temps de décider ce qu'elle fera. Doit-elle accepter l'invitation des cousins éloignés qu'elle n'a pas vus depuis l'enterrement de sa mère et qu'elle connaît mal ? Fêter le Réveillon en Charente dans la famille de Julie ? Ou partir à Antibes et passer Noël au soleil, chez Jacques, le vieil ami d'Aimée ?

Rien ne lui paraît satisfaisant. Le classicisme de sa famille la glace par avance ; l'isolement campagnard de la grande maison de Julie l'inquiète ; et le trajet de 6 heures pour le sud de la France la fatigue déjà.

Après une heure de marche néanmoins, elle se décide de dire à Julie qu'elle se joindra à elle et sa famille. « C'est plus prudent, je les connais, tout devrait bien se passer », argumente-t-elle en regrettant de s'entendre encore prêcher la précaution et l'option la moins risquée.

« J'aimerais tant cesser d'être prudente, pense-t-elle. Oser un peu plus. »

19.

Les fêtes de Noël et du Nouvel An se sont déroulées au mieux et ont permis à Agathe de clore une année 2014 qui aura décidément été éprouvante.

Elle espère que celle à venir sera plus légère et que le projet qui lui tient tant à cœur verra le jour. Le 17 janvier a été l'occasion pour elle de réunir Julie, Ludovic et sa femme ainsi que d'autres amis, pour fêter l'anniversaire de ses trente-cinq ans.

À cette occasion, elle s'est aussi promis de mener à terme la recherche qu'elle a initiée et de rencontrer Alexandre Voïevodski. Trouver une date a été plus difficile qu'elle ne l'aurait cru. Après plusieurs échanges, elle a enfin obtenu un rendez-vous le vendredi 30 janvier, non à Paris mais à Venise. En effet, le commissaire d'exposition s'est à peine arrêté à Paris en décembre lors de son retour de Miami pour repartir aussitôt à Venise où il a commencé une mission pour le Palazzo Grassi et la Punta della Dogana, les deux musées d'art contemporain du collectionneur d'art François Pinault.

Agathe a compris qu'Alexandre Voïevodski vivait sans attache et pourrait facilement s'envoler à nouveau pour une destination lointaine dans les mois qui viennent. Elle a donc choisi de se rendre à Venise et de ne pas prendre le risque de le manquer. Elle adore cette ville qu'elle connaît bien pour y visiter depuis dix ans la Biennale d'art contemporain. Une bonne occasion d'y retourner hors saison, a-t-elle pensé en se décidant.

Les semaines de janvier se déroulent dans l'attente de ce rendez-vous qu'Agathe espère et redoute à la fois. Rien de saillant n'est venu rompre la monotonie du premier mois de l'année dont les jours froids et gris se sont étirés. L'humeur d'Agathe n'était pas joyeuse et c'est avec soulagement qu'elle a posé le pied dans l'avion pour s'envoler vers Venise ce matin.

Benvenuti a l'aeropuerto di San Marco, peut-elle lire deux heures plus tard sur les murs des interminables couloirs moquettés qu'elle parcourt jusqu'à atteindre la sortie. Le panneau « Uscita » est répété à plusieurs reprises comme pour rassurer les voyageurs et les encourager à poursuivre.

Elle sort enfin de l'aéroport et se dirige d'un pas assuré vers le passage protégé qui mène en dix minutes à l'embarcadère des *vaporetti*, ces bateaux effectuant la traversée de la lagune pour rejoindre la Sérénissime.

Plus elle avance, plus la brume s'épaissit jusqu'à devenir presque opaque. Arrivée au ponton, Agathe identifie le prochain bateau à partir et rejoint la file des passagers peu nombreux. Quelques minutes plus tard, le moteur rugit et propulse l'engin dans le chenal. Agathe peine à distinguer l'horizon tant la mer et le ciel semblent se confondre. Seule la silhouette noire des poteaux en bois se détache, ponctuant le parcours et délimitant les voies navigables.

Rien à voir avec son dernier séjour en juin 2013 ! La température devait frôler les 36-38°C et elle se souvient de la chaleur des salles de l'Arsenale et du parfum entêtant des jasmins dans les allées des Giardini.

En regardant par la fenêtre, elle aperçoit à présent l'île de Burano où la navette fait escale. Encore vingt minutes et elle accostera au nord de la cité lacustre.

Alexandre Voïevodski lui a donné rendez-vous à midi devant la Dogana ce qui lui laisse le temps de traverser la ville à pied. Son ventre se serre à la pensée de cette rencontre. Après avoir éliminé Wandrilles, puis Paul, Alexandre est le dernier qui pourrait être son père parmi ces trois hommes. Mais il est aussi le moins sympathique. Certes, elle l'a contacté dans un cadre professionnel mais il n'a montré aucune volonté de faciliter leur rencontre et s'est même révélé un peu hautain. Elle n'aime pas ce qu'elle a pu ressentir, une arrogance à la limite de l'impolitesse.

C'est le cœur inquiet qu'elle arrive ce matin à Venise, plus de cinq mois après la lecture de ses lettres et qui l'ont, elles, impressionnée. « Peut-être n'est-il froid que dans ses relations professionnelles », tente-t-elle de se rassurer.

À l'approche de la rive, Agathe peut entendre le conducteur crier *Fondamenta Nova*. Elle quitte le navire et rejoint le débarcadère tandis que le *vaporetto* s'éloigne en rugissant, la laissant seule sur le quai. Là, elle inspire l'air chargé d'humidité avant de se mettre en marche, en prenant soin de ne pas glisser sur les grandes dalles sombres et mouillées. Après quelques mètres, elle pique sur la droite et s'enfonce entre deux immeubles, laissant derrière elle la lagune blanche et laiteuse. Elle pénètre alors dans le dédale de ruelles – les *calle* –, de ponts et de passages de la ville, dont la magie opère à nouveau, comme à chaque fois qu'elle s'y rend.

Agathe sait se diriger sans carte et choisit parfois de se perdre, partant à l'aventure dans des circuits inexplorés. Marcher dans Venise signifie pour elle perdre la notion du temps et plonger dans une forme d'éternité, laisser faire le hasard, accepter le mystère des passages secrets, des canaux dérobés et des portes escamotées. Marcher dans Venise est pour elle l'occasion de s'oublier.

Cette fois-ci néanmoins, elle n'a pas le loisir de flâner. Elle doit traverser la ville du nord au sud pour rejoindre le Grand Canal. Dans les *calle* étroites, des plaques jaunes la dirigent. Une pancarte dotée d'une flèche indique vers la gauche la « Piazza San Marco », un autre panneau signale à droite le « Ponte di Rialto 10 minuti ». Elle se dirige à moitié de mémoire, à moitié à l'instinct, et vise l'église Santa Maria del Giglio.

Mais elle se laisse soudain surprendre par la fameuse *aqua alta*, littéralement « hautes eaux » en vénitien, la montée des eaux qui survient en hiver quand la marée recouvre une partie de la ville. Agathe a entendu parler du phénomène mais le découvre pour la première fois : l'eau arrive à mi-mollet et il est impossible d'emprunter le chemin qu'elle imaginait prendre. Suivant les conseils d'un commerçant, elle suit un passage surélevé qui l'aide à rejoindre le Grand Canal où elle retrouve avec soulagement l'embarcadère du *traghetto* qui va lui permettre de se rendre sur l'autre rive.

Elle a eu peur que cet épisode ne la retarde mais il n'en est rien et au contraire, une fois arrivée sur la rive opposée, elle constate qu'elle a trente minutes d'avance sur l'heure du rendez-vous prévu avec Alexandre Voïevodski. Il fait froid et elle décide d'attendre dans un *caffè* proche de la Punta della Dogana, l'ancienne douane de mer qui se dresse fièrement au-dessus de l'eau. Le bâtiment, restauré récemment, est surmonté d'une sphère dorée sur laquelle se dresse fièrement la statue de la déesse Fortune, qui fait ici office de vigie et de girouette. « Pourvu qu'elle me porte chance ! » murmure-t-elle en lui jetant un œil.

À midi précis, elle traverse le parvis de Santa Maria de la Salute et aperçoit Alexandre Voïevodski devant l'entrée de la Punta della Dogana. Il ressemble exactement à l'homme qu'elle a vu en photo dans les articles publiés sur Internet.

Le cœur battant, elle marche vers lui d'un pas décidé et le salue en se présentant. Il lui répond froidement d'une voix nasillarde qui s'accorde mal avec sa haute stature et qui surprend Agathe. « Arrête de juger », s'oblige-t-elle en amorçant la conversation.

Tandis qu'ils s'éloignent, Agathe essaye de briser la glace avec des considérations météorologiques, discourant sur l'humidité de la région et le contraste entre le climat de Miami et celui de Venise. Elle alimente leur échange en parlant des déplacements professionnels et de leurs avantages et inconvénients. Alexandre l'écoute sans trop réagir ni chercher non plus à la mettre à l'aise.

Le brouillard les enveloppe tout à fait quand ils traversent le pont qui mène à l'Academia. Alexandre prend à gauche puis, après avoir tourné à deux reprises dans des ruelles aux murs délavés, s'arrête devant une porte en bois surmontée d'une enseigne en fer forgé sur laquelle Agathe peut lire « Osteria alla Botte ».

— C'est ma cantine quand je travaille à la Dogana, explique-t-il en poussant la porte. Les bons restaurants à Venise sont rares alors quand on en trouve un, on lui reste fidèle, ajoute-t-il avec un demi-sourire.

Des tables et chaises en bois, des sets en papier, des lambris sombres décorés de photos noir et blanc dans des cadres piqués par l'humidité, le décor est sommaire et rustique. Agathe apprécie l'authenticité qu'elle trouve ici et se réjouit de cette adresse sans fioritures.

On les reçoit et quelques minutes plus tard, elle se retrouve assise face à Alexandre Voïevodski. Enfin, pense-t-elle en le voyant mieux maintenant.

Il est resté bel homme, a-t-elle déjà constaté, et le temps ne semble pas avoir altéré ses traits. Mais maintenant qu'elle le regarde de près, elle peut lire la fatigue sur son visage. Elle note que son nez lui évoque le bec d'un oiseau de proie, ce qu'elle n'avait pas perçu auparavant et qui le rend un peu inquiétant.

Après qu'ils ont passé commande, Agathe aborde la vente d'art cinétique pour laquelle elle a sollicité le rendez-vous. Elle expose le besoin supposé de la Maison Tajan de faire appel à un expert et n'éprouve aucune difficulté à feindre un vrai projet de vente. Elle a travaillé son sujet et le connaît. Là seulement, Alexandre semble se décrisper un peu. Tous deux échangent alors sur les artistes pressentis, les collectionneurs potentiels et les vendeurs à solliciter. Ils évaluent le temps nécessaire pour monter un tel projet, inédit jusqu'alors, ainsi que ses chances de succès.

En l'écoutant, Agathe est frappée par l'étendue de ses connaissances et par son aisance. Après tout, sachant qu'il n'est pas spécialisé dans le domaine, il donne vraiment bien le change.

Difficile de ne pas être conquis par son éloquence quand il parle des artistes et de leur œuvre, songe-t-elle encore, en pensant à sa mère cette fois.

Elle perçoit néanmoins derrière son brio une forme de lassitude, à moins que ce ne soit la preuve d'une certaine désillusion, comme si la fougue qui l'habitait à ses débuts n'était plus qu'une apparence ou une vieille habitude. Et après quarante minutes de conversation, elle ne peut s'empêcher de se dire finalement que le discours d'Alexandre sonne faux.

Le déjeuner touche à sa fin. À ce stade, les grandes lignes du projet sont tracées et Agathe referme le cahier dans lequel elle a pris des notes. C'est le moment de se lancer pour elle, après quoi, elle n'aura plus l'occasion de lui parler d'Aimée.

— Je voudrais vous parler d'autre chose, lance-t-elle alors. Je souhaitais aussi vous rencontrer pour une raison plus personnelle.

Silencieux, Alexandre la regarde d'un air interrogateur.

— Mon nom entier est Agathe Valmy de Bézieux, je suis la fille d'Aimée de Bézieux. Je sais : c'est étrange. Ni elle ni moi ne portons notre patronyme dans son intégralité, lui explique-t-elle alors.

Alexandre tousse bruyamment comme s'il allait s'étouffer. Son étonnement est total. Il dévisage Agathe, fronce les sourcils puis finit par dire :

— Depuis tout à l'heure, je cherchais la personne à qui vous ressembliez sans parvenir à trouver. Mais maintenant que vous levez le voile, je comprends. Votre ressemblance avec Aimée est frappante ! Comment va-t-elle ? enchaîne-t-il.

— Elle est morte en juin l'année dernière. Je suis désolée de vous l'annoncer comme cela.

— Oh, lâche-t-il, plus sincère cette fois, semble-t-il à Agathe. Toutes mes condoléances. Était-elle malade ?

— Non. Un arrêt du cœur inexpliqué.

— Pas pour ceux qui la connaissaient, dit-il d'un ton brusquement sarcastique et qui heurte Agathe de plein fouet. Aimée avait un sacré rythme de vie. Elle brûlait la chandelle par les deux bouts comme on dit, avec un petit côté hystérique.

Agathe est sidérée par le manque de délicatesse de son interlocuteur et ne sait comment répliquer pour défendre sa mère. Même si elle ne s'est jamais gênée pour la critiquer, elle supporte mal cette attaque, surtout de la part d'un homme qu'elle connaît si peu.

— Elle est partie brutalement, en laissant beaucoup de bazar et de nombreuses questions sans réponse, finit-elle par lui dire.

— Personne n'aime préparer sa mort, rétorque-t-il. Et puis personne n'y pense à 60 ans.

— 63 ans, précise Agathe, maintenant irritée contre cet homme si sûr de lui. « Voilà donc tout ce qu'il reste de ses lettres enflammées », se dit-elle, avec amertume.

— La dernière fois que j'ai parlé à Aimée, c'était par téléphone, j'étais à New York. C'était en été je me souviens, et je m'étais d'ailleurs demandé comment elle avait fait pour me contacter. Elle m'a dit qu'elle était heureuse d'être enceinte. Je n'ai pas très bien compris à l'époque pourquoi elle avait cherché à me joindre. C'est vous qu'elle attendait manifestement. Enfin, vous avez quel âge ?

— J'ai eu 35 ans, il y a quinze jours, répond-elle.

— C'est ça. J'ai atterri à New York en 1979, au printemps, et c'était le premier été que je passais là-bas. Vous avez un an de plus que mon fils. Il aurait eu 34 en décembre s'il était encore en vie. (Il laisse un temps de silence et ajoute, soudain fragile) : Il est mort il y a dix ans.

À cette annonce, Agathe pense soudain pouvoir s'expliquer la froideur d'Alexandre. « C'est un homme brisé par le chagrin », se dit-elle. Elle ne sait quoi ajouter et se sent maintenant idiote avec ses questions sur son éventuelle filiation. Comment continuer son interrogation après une telle information ? Et quelle est la probabilité qu'il soit son père s'il s'est envolé pour les États-Unis au printemps 1979 comme il le dit ? Quasi nulle…

C'est finalement Alexandre qui rompt son embarras en proposant de faire une marche sur les Zatterre, les quais qui longent le canal de la Giudecca. Elle accepte et après qu'il a réglé, ils quittent l'*osteria* et s'enfoncent dans les rues désertes du Dorsoduro. Aucun touriste ne s'aventure dans ce quartier sud de la ville où règne un calme qui pourrait sembler inquiétant. Agathe ne trouve toujours rien à dire. Elle songe à *Mort à Venise* de Thomas Mann et à l'impression sinistre que lui avait faite ce roman quand elle était adolescente. Elle hésite à le lui dire mais se reprend en pensant que le titre pourrait lui rappeler son fils. Elle s'inquiète aussi qu'il ne doute de la véracité de son projet de vente d'art cinétique et espère ne pas devoir lui avouer que ce n'était qu'un prétexte pour le rencontrer. Elle aurait pu s'épargner ce stratagème qui s'avère ne plus être nécessaire désormais puisque la bague a perdu sa grande valeur. Agathe espère que les souvenirs d'Alexandre viendront effacer le sujet et c'est fort heureusement ce qu'il se passe puisque, après quelques minutes, il commence de lui-même à se remémorer les moments passés avec Aimée. Il relate une succession d'épisodes et d'anecdotes farfelus, évoque entre autres une soirée passée chez des amis d'Aimée où un convive était arrivé par la fenêtre après avoir escaladé la façade jusqu'au cinquième étage.

— Tel un père Noël, il avait déposé au sol une hotte emplie de bouteilles hissées au prix d'une ascension périlleuse de l'immeuble haussmannien. Du haut du balcon, Aimée avait suivi avec appréhension la progression de l'alpiniste citadin et expliquait à qui voulait l'entendre que son ami ne savait pas se rendre à une fête en passant par la porte comme tout le monde.

Le ton d'Alexandre est plus jovial et il semble avoir oublié la tristesse qui figeait ses traits depuis la fin de leur déjeuner.

— On était dingues à cette époque, qu'est-ce qu'on s'amusait ! Aimée avait besoin d'extraordinaire, j'imagine que je ne vous l'apprends pas. Mais elle se lassait aussi vite qu'elle s'enthousiasmait, tranche-t-il d'un ton plus sec. On se ressemblait là-dessus et je ne la comprenais que trop bien. Nous avons flirté, vous devez le savoir aussi. Nous avons su rester légers. C'était le meilleur à faire.

Alors qu'ils atteignent les *Zattere,* Agathe distingue un atelier de gondoles sur sa droite. Elle se demande ce que sa mère a pu faire avec un personnage aussi ambivalent, cassant et vulnérable en même temps.

Alexandre poursuit le récit de ses souvenirs tandis qu'ils longent la lagune qui s'étend à leur droite. Agathe peut voir, dans la brume, la silhouette de l'église San Maggiore qui se dresse sur l'île à qui elle a donné son nom. Le gris du jour, l'eau montante et les souvenirs nostalgiques d'Alexandre lui procurent une sensation d'abattement.

« Quelle triste destinée ! » se dit-elle en repassant le parcours d'Alexandre et en regrettant que cet homme qu'elle a tant souhaité rencontrer s'avère être aussi amer. Elle est désemparée de constater qu'il n'a pas semblé un seul instant interpellé par son année de naissance qui correspond à l'époque où il voyait Aimée. Plongé dans ses souvenirs, il ne l'interroge ni sur elle ni sur les raisons pour lesquelles elle a souhaité le rencontrer. Déçue, transie par le froid et l'humidité, elle le suit en se disant qu'elle n'a plus du tout envie que cet homme soit son père.

Tout chez lui la navre. Son narcissisme, son indifférence mais aussi son amertume. Elle a beau chercher, hormis ses connaissances et sa culture, elle ne lui trouve rien qui lui plaise.

« Comment a-t-il su séduire ma mère ? Pourquoi a-t-elle repris contact avec lui alors qu'elle était enceinte ? Pensait-elle qu'il pouvait être mon père ? Aux dires d'Alexandre, ils ne faisaient que flirter… »

Agathe est perdue et voudrait fuir loin d'ici.

Alexandre parle encore tandis que leurs pas les rapprochent de la Punta della Dogana et de la fin de leur promenade. Agathe croit entendre le décompte des minutes qui lui restent pour poser ses questions mais elle ne parvient pas à interrompre le monologue de son interlocuteur. Arrivés devant la Punta della Dogana, in extremis, elle prend son courage à deux mains et l'interroge finalement, de but en blanc, sur le bijou dont elle a hérité.

— Pour quelle raison avez-vous offert cette bague à ma mère ?

Après un instant d'hésitation, Alexandre répond en faisant un grand geste de la main.

— C'était une bague parmi tant d'autres. Mes parents m'avaient laissé un coffre rempli de bijoux à leur mort. À l'époque, ça n'avait pas tant d'importance. Toutefois, cette bague avait ceci de particulier qu'elle avait été commandée par mon père Anton pour ma mère Anastasia chez Van Cleef & Arpels. Vous devez savoir qu'elle était gravée et vous devez connaître les initiales qui sont dans l'anneau : A & A pour Anton et Anastasia Voïevodski, mes parents. Parmi tous les bijoux, celui-ci revenait à votre mère presque naturellement ; A & A pour Aimée et Alexandre, bien sûr, dit-il avec un sourire qu'Agathe ne sait plus comment interpréter.

Agathe frissonne en pensant à l'histoire qui se cache derrière ce bijou et se dit avec déception que A & A ne signifiait pas Agathe et Aimée comme elle l'avait cru enfant. L'instant d'après, elle songe qu'Alexandre n'a pas évoqué la date de la gravure et qu'il n'en a visiblement pas souvenir. Ce serait donc sa mère qui aurait gravé la date de 1980, pour son année de naissance. Cette pensée la réconforte mais ne peut combler à elle seule son besoin de comprendre. Elle hésite avant d'insister, par peur d'être impolie, puis balaye ses réticences en se disant qu'Alexandre n'a pas fait preuve de beaucoup de délicatesse à son égard.

— Pourquoi avoir offert à ma mère une bague d'une telle valeur si cette relation n'était qu'un flirt pour vous ?

— Parce que je l'aimais beaucoup, malgré tout. Et puis, c'était une autre époque. Ma vie d'alors était un bal masqué. Les bijoux étaient la touche qu'il fallait pour briller. À cause de mes origines, on m'appelait le Tsar, c'est vous dire… Et je me prenais au jeu…

Agathe choisit de ne pas s'arrêter sur l'évocation de cette vie qui lui semble si futile et si loin d'elle et poursuit :

— J'ai découvert en interrogeant le joaillier que le rubis central avait été échangé contre un spinelle. Le saviez-vous ? demande-t-elle en observant sa réaction. Elle le voit esquisser ce même demi-sourire qu'elle trouve glaçant.

— Décidément, vous êtes bien renseignée. Je l'ai vendu, en effet, en 1978. C'est cette somme qui m'a permis de partir pour la première fois aux États-Unis et de travailler avec le bureau de Warhol. Ça valait le coup ! Et puis vous voyez : la bague n'avait plus tant de valeur.

— Vous la lui avez donc offerte en sachant qu'elle était fausse ! ne peut s'empêcher de s'exclamer Agathe.

— En quoi était-elle fausse ? Si je me souviens bien, la pierre de centre qui remplace le rubis est éclatante et sa couleur rouge ne change rien à la beauté du bijou. Le prix du carat n'est pas le même, c'est tout, conclut-il en souriant.

Sa morgue heurte à nouveau Agathe et renforce encore son irritation à son égard. Elle aimerait rétorquer et lui dire ce qu'elle pense de lui mais il coupe court à la discussion et propose à Agathe de visiter l'exposition temporaire de la Punta della Dogana. Elle décline en prétextant devoir repartir pour prendre son avion, même s'il n'en est rien, et le remercie pour son temps avant de se diriger vers le *traghetto*.

En mettant le pied sur le bateau, elle se promet de le prévenir prochainement de l'annulation du projet de vente pour lequel elle le sollicitait et de l'oublier pour toujours.

Quelques minutes passent ainsi pendant lesquelles elle croit bouillonner encore de rage, puis elle s'abandonne à la déception et la tristesse qui la submergent brutalement. Même si elle est soulagée qu'Alexandre ne soit pas son père, elle se demande ce que sa mère a bien pu lui trouver. Elle réalise que cet homme reflète un pan de la personnalité d'Aimée qu'elle aura toujours du mal à saisir.

Et puis Alexandre représentait sa dernière chance de savoir qui était son père dans l'espèce de jeu d'énigmes que sa mère avait laissé derrière elle. Après avoir rencontré les trois hommes et s'être imaginée depuis six mois pouvoir découvrir son identité, elle réalise que voilà, il n'en est rien au final. La déception est de taille et Agathe se trouve accablée. Elle ne peut s'empêcher de ressentir de la frustration à l'idée d'abandonner l'espoir qui l'a habitée pendant ces quelques mois.

Elle s'était aussi imaginé que trouver l'identité de son père pourrait être un point de départ pour avancer dans ses relations amoureuses. Là aussi il n'en est rien, constate-t-elle au contraire, en se voyant plutôt avoir fait machine arrière.

Avant de quitter Venise, elle décide de faire un détour par San Giorgio degli Schiavoni, une petite église qui abrite plusieurs toiles du Carpaccio, tel un secret encore préservé des circuits touristiques. C'est un de ses lieux préférés et elle s'y rend presque en courant pour, comme elle en a l'habitude, oublier ses peines et sa solitude dans la beauté des œuvres.

20.

De retour à Paris, Agathe a ravalé sa déception et tenté d'oublier l'émotion douloureuse qu'elle a ressentie à Venise. Elle s'est concentrée sur ses projets professionnels, moins par conviction que pour oublier ses sentiments et penser à autre chose.

C'est un mardi, à l'heure du déjeuner, que l'événement s'est produit.

En consultant une fois encore les annonces de cession d'études de la Chambre des commissaires-priseurs, Agathe a soudain découvert au milieu des offres à Grasse, Nantes, Vitry-le-François, La Rochelle, Cherbourg, Toulouse, celle qu'elle attendait depuis des mois.

> CESSION
> Office de commissaire-priseur judiciaire et Société de ventes aux enchères volontaires, à Paris (75)
> Me Guillaume CHAPUIS, commissaire-priseur judiciaire à la résidence de Paris (75), souhaite céder étude judiciaire et société ventes volontaires. Me Guillaume CHAPUIS vendra

également ses actions d'Interenchères. Locaux disponibles pour l'achat ou la location. Pour tout renseignement, merci d'adresser vos demandes à l'adresse suivante : chapuis.encheres@gmail.com ou de contacter le 06 02 17 13 24.

Cette nouvelle qu'elle a tant espérée vient illuminer le paysage de ce début février.

L'offre de cession remplit tous les critères qu'elle s'est fixés. Elle n'en revient pas, si bien qu'elle a dû la relire à plusieurs reprises pour y croire vraiment. Sans tarder, elle a pris contact avec le commissaire-priseur cessionnaire pour obtenir plus de renseignements, priant pour que la chance soit avec elle, et que ce dernier soit ouvert et favorable à un profil de femme comme elle, et de surcroît seule. C'est avec les mains moites qu'elle a pris son téléphone pour appeler Me Chapuis. Mais l'homme s'est avéré charmant et Agathe a ressenti un immense soulagement en entendant sa voix chaleureuse et dynamique.

De plus en plus exaltée au fil de la conversation, Agathe l'a écouté raconter qu'il ne pouvait plus repousser le moment de prendre sa retraite, ce qu'il fait à regret, et ce d'autant plus qu'il n'a pas de successeur. Il cède l'étude dont il a hérité de son père et qui a pignon sur rue depuis près d'un siècle, rue de Miromesnil, dans le 8e arrondissement de Paris. L'étude est généraliste avec une spécialisation en peinture française et deux clercs y travaillent à temps complet.

En l'interrogeant, Agathe apprend que rien n'est encore informatisé et que tout reste à faire dans ce domaine.

Outre l'achat du matériel et des licences, il y a un gros travail de numérisation des catalogues, des minutes des procès-verbaux, des ventes aux enchères, des répertoires ainsi que des livres de gestion. Ces archives sont précieuses pour accéder à l'histoire des collectionneurs, des institutions muséales et du marché de l'art. Tel quel, le fonds de l'étude requiert de passer de longues heures à parcourir les documents manuscrits et Agathe mesure combien la tâche est importante. Mais pour autant, la conversation confirme ses intuitions et elle sent que cette offre est bel et bien pour elle.

Depuis lors, Agathe est tout entière occupée par ce rachat possible qui ouvre enfin une nouvelle perspective pour son projet. Elle a organisé plusieurs rendez-vous pour recueillir divers avis sur l'offre, auprès d'un ancien collègue, d'un de ses professeurs de l'école du Louvre et d'un ami du père de Julie. Elle est emballée et prie pour qu'aucun d'eux n'y soit défavorable.

Sans cesse, elle passe et repasse en revue sa situation. Le prix d'acquisition, au vu du montage financier qu'elle a imaginé avec Ludovic, n'est pas hors de portée, mais reste élevé. Il est certain qu'en tant que candidate solo, elle va devoir faire preuve de cran, mais son dossier de financement est solide, lui a redit Ludovic avec conviction. C'est sans perdre un instant qu'elle l'a envoyé aux trois banques qui avaient donné un avis favorable en septembre dernier et elle attend maintenant leur réponse avec impatience.

Du matin au soir, son esprit tourne à plein régime et ses pensées fusent sans s'arrêter. Son humeur pourrait se résumer à ces quelques mots : planification, projection, prospective.

En pensée, elle visualise la modernisation des bureaux, anticipe la communication qu'elle fera auprès du carnet d'adresses de clients existants et prépare même dans sa tête la démission qu'elle donnera à Tajan. Si tout suit son cours comme elle l'espère, elle pourrait vraisemblablement quitter son poste d'ici trois mois et faire ses débuts dans l'étude en juin.

Tous ces plans ne l'empêchent pas de ressentir une peur immense à l'idée de ne pas y arriver, de ne pas être à la hauteur, de passer à côté d'autres opportunités, de manquer de perspicacité. Ces inquiétudes la réveillent en pleine nuit et prennent tout l'espace disponible dans son esprit. Plusieurs insomnies l'ont ainsi maintenue éveillée des heures entières, la laissant se rendormir au petit matin et lui imposant des réveils difficiles. Cela fait six ans qu'elle rêve d'avoir une étude à elle, mais maintenant qu'elle est sur le point de réaliser son projet, son appréhension est à son comble et elle a du mal à se rassurer.

Malgré ses peurs, elle sait que le moment est venu de se lancer dans l'aventure et elle espère que les astres lui seront favorables. Parfois, en rêve, elle imagine la parution de son annonce et peut même la voir écrite sur le site du ministère :

Nomination de la « SELARL Agathe VALMY DE BÉZIEUX commissaire-priseur judiciaire » à la résidence de Paris (75).

En effet, après avoir longuement réfléchi, elle a décidé qu'elle donnerait son nom de famille entier à l'étude et qu'elle assumerait ainsi son héritage et son histoire. C'est bien la passion de son grand-père maternel pour l'art, transmise à sa mère puis à elle-même, qui lui a valu d'étudier à l'École du Louvre, et enfin de choisir ce métier et de l'exercer. Sans cette tradition familiale, elle n'aurait pas eu le même parcours professionnel, elle le sait. Endosser l'intégralité de son nom est un choix qui lui paraît juste. C'est aussi un pas de géant pour elle car cet acte lui fait assumer l'intégralité de son histoire, et notamment le fait d'être la fille d'Aimée.

L'effervescence dans laquelle l'a plongée la reprise de l'étude de la rue de Miromesnil ne l'a pas empêchée de penser à Ashok à plusieurs reprises, et non sans un certain malaise. En effet, c'est bien à lui qu'elle doit cette entreprise. Sans son idée de montage financier, elle n'aurait jamais pris l'initiative de se lancer seule.

Qu'elle lui doive une partie de son potentiel succès ne la laisse pas tout à fait sereine et quand elle repense à la façon dont elle a éconduit sa proposition au Centre Pompidou six mois plus tôt, elle se sent honteuse. Elle aurait pu simplement décliner son offre plutôt que de jouer les princesses offensées.

Le mois de septembre lui paraît bien loin à présent. Il s'est passé tant de choses depuis, notamment la soirée passée place Vendôme, où elle a ressenti ce trouble qu'elle ne parvient pas à oublier. Elle se demande où est Ashok et ce qu'il devient sans pour autant oser imaginer le contacter.

S'il est certain qu'elle a parcouru un grand chemin depuis le décès de sa mère, et s'il lui semble avoir plus grandi en huit mois qu'au cours des cinq dernières années, elle sait qu'il lui faut encore avancer pour dépasser ses blocages et sa timidité.

21.

Jamais une attente n'a semblé si longue à Agathe. Voilà près de quatre semaines qu'elle guette la réponse des banques et le temps lui paraît interminable. Pour autant, elle poursuit ses missions chez Tajan comme si de rien n'était. Et en ce mercredi 11 mars, elle effectue sa visite annuelle de la TEFAF, la prestigieuse foire d'art qui se tient chaque année dans une petite ville des Pays-Bas du nom de Maastricht, célèbre car le traité sur l'Union européenne y fut signé en 1992.

Ce voyage tombe à point nommé et va lui permettre d'échapper un instant à l'impatience qui l'étreint. Agathe connaît bien la foire qu'elle visite en général pendant deux jours afin de parcourir les milliers de mètres carrés dédiés à toutes les époques, de l'Antiquité grecque au design scandinave. Ce rendez-vous professionnel lui permet d'observer les goûts sur le marché de l'art et d'humer les tendances du moment en sillonnant les allées et visitant les stands.

Cette année, Agathe note une inclination pour les cabinets, des meubles richement ornés dont les panneaux sont parfois vendus séparément tant ils sont sophistiqués. Plaqués d'ébène, d'ivoire et de nacre, ils regorgent de tiroirs, de petites portes, de colonnades en bois sculpté et de boutons ouvragés. Agathe n'apprécie pas particulièrement ces pièces mais prend note de cet engouement alors qu'elle en découvre encore un modèle en pénétrant sur le stand du célèbre marchand hollandais Salomon Stodel. Elle s'approche du cabinet qui est présenté dans une mise en scène réaliste visant à plonger le visiteur dans un intérieur de style Renaissance quand elle entend une voix qui lui est familière et dont l'accent singulier la fait tressaillir. Elle se retourne et aperçoit Ashok à quelques mètres d'elle, immanquable avec son écharpe de couleur. « Une vraie signature vestimentaire », pense Agathe tout en sentant une sorte d'affolement s'emparer d'elle.

Ashok est en pleine conversation avec un vendeur de la galerie et ne l'a pas vue. Que faire ? Elle hésite. Aller le voir et le saluer ? Feindre de ne pas l'avoir aperçu et attendre qu'il l'aborde ? Quitter le stand et poursuivre sa visite ?

Elle est tiraillée entre l'envie d'échanger avec lui et cette sempiternelle gêne. Elle est d'autant plus mal à l'aise qu'elle n'a pas répondu à son message de vœux de fin d'année et ne sait comment s'en excuser. Elle pourrait prétexter des préoccupations professionnelles, un déplacement à Venise ou encore son projet d'achat d'étude, mais elle a peur. De quoi, elle ne saurait le dire.

« Allez un peu de courage, se reprend-elle, et puis mieux vaut ne pas revenir sur cet épisode. »

Mais elle ne bouge toujours pas. En plein doute, elle reste immobile, laissant le temps passer et un instant plus tard, c'est finalement Ashok qui l'aperçoit et se dirige vers elle à grands pas.

— Agathe ! Quelle surprise de vous voir ici ! Comment allez-vous ? s'exclame-t-il, l'air heureux et un peu exalté.

Agathe feint la surprise, balbutie un « bonjour » et explique les raisons professionnelles de sa visite de la foire chaque année. Malgré ses efforts et son plaisir de le voir, elle s'entend lui demander froidement ce qu'il fait là.

Il vient pour la seconde fois à la TEFAF, lui explique-t-il, pour élargir sa collection.

Elle s'étonne et voudrait lui demander ce qu'il collectionne quand Ashok l'interrompt.

— Justement, je voudrais vous montrer une œuvre que je viens de trouver ici et au sujet de laquelle je m'interroge. Votre avis me serait précieux, vous m'accompagneriez ?

Et sans attendre sa réponse, il lui prend le bras et la mène vers le fond du stand.

« C'est vraiment difficile de lui dire non », pense Agathe. Sa grande assurance la dérange mais elle comprend aussi qu'elle est la conséquence d'un trop-plein d'enthousiasme. À cette pensée, elle se fustige et se dit qu'elle devrait vraiment cesser de juger si vite à l'avenir.

Arrivée devant l'œuvre, Agathe découvre une peinture du XVIe siècle, un petit format à peine plus grand qu'une feuille de papier, présenté dans un large cadre. Le tableau est peint à même un panneau de bois que l'on devine aisément car la pièce est fendue en deux dans le sens de la hauteur. Le sujet, une Adoration des bergers, est ravissant, et le traitement très original. L'œuvre ne ressemble à rien de ce qu'elle a pu voir jusque-là. L'auteur – anonyme comme l'indique le cartel – semble avoir hésité entre l'esthétique de l'école flamande et celle de l'école italienne et le résultat en est surprenant.

Agathe prend la parole et, sûre d'elle, fait part de ses analyses.

— Le peintre a dû faire un voyage en Italie et être influencé par ce qu'il y a découvert. À moins qu'il n'ait vu des reproductions d'œuvres italiennes aux Pays-Bas. Dans les deux cas, la façon dont il mêle les styles est très intéressante. Il est rare de voir un tableau qui réunisse aussi explicitement deux courants distincts.

— C'est beau, n'est-ce pas ? s'enthousiasme Ashok, heureux de partager sa trouvaille avec elle. Je connais mal cette époque mais je trouve cette peinture très originale, unique en son genre.

— Si vous voulez mon conseil, si elle vous plaît, n'attendez pas trop. Ce genre de pièces ne reste pas longtemps sur le marché.

— C'est vous la professionnelle, concède Ashok. Je vous fais confiance. Laissez-moi aller voir le galeriste, puis nous irons prendre un café ! lance-t-il en se dirigeant vers la sortie du stand.

À nouveau cette façon de décider sans attendre les réponses. Mais en le regardant parler avec animation, Agathe reconnaît que sa détermination et son énergie lui plaisent.

Quelques minutes plus tard, tous deux s'installent dans l'un des espaces aménagés pour les visiteurs. Canapés en cuir crème, tables basses en marbre, orchidées, porcelaine blanche, tout respire l'élégance.

Agathe met de côté son habitude de tout contrôler et se réjouit d'être là, avec lui, pour partager ses premières impressions de la foire. Elle s'entend parler et se trouve soudain enthousiaste et fébrile à la fois. Elle essaye de se calmer mais c'est peine perdue. Comme à chaque fois, Ashok la trouble.

Ils évoquent maintenant d'autres foires d'art, et précisément Masterpiece London, où Agathe a prévu de se rendre en juin prochain. La conversation va grand train et glisse vers les hauts joailliers présents sur ce type d'événements. Ashok lui parle alors du stand d'un joaillier indien, Bhagat, un marchand de bijoux basé à Meerut en Uttar Pradesh.

— Venez ! Je vous y mène et je vous montre, propose-t-il de nouveau sans vraiment lui demander son avis.

Une fois devant les vitrines, ils peuvent admirer des pièces dont les dessins chargés reprennent ceux des traditions orientales. Ashok confie à Agathe que ces bijoux le touchent du fait de son histoire personnelle.

— Ma mère était une princesse belge et mon père, l'héritier de l'un des derniers maharadjas du Maharashtra. Je suis le résultat de la rencontre entre l'Europe et l'Inde, s'amuse-t-il.

Agathe est touchée qu'il se livre ainsi à elle et pourrait l'écouter encore longtemps mais l'heure a tourné et elle doit penser à travailler et retourner à sa visite.

Au moment de la quitter, Ashok paraît brusquement embarrassé. De son côté, Agathe s'étonne d'avoir passé un si long moment avec lui sans avoir voulu partir ou s'enfuir.

Ils sont sur le point de se dire au revoir quand Ashok lui demande à toute vitesse si elle serait disponible pour dîner le soir même, invitation qu'Agathe accepte sans hésiter.

— Parfait. Je passe vous prendre à 19 heures, dit-il en retrouvant son assurance.

— Je suis à l'Hôtel Van Der Valk, lui précise-t-elle avant de le saluer, décontenancée par ce nouveau rendez-vous avec lui.

Agathe est sous le charme de cet homme si singulier et se sent conquise par son charisme et sa personnalité. Elle se répète qu'il doit avoir l'habitude d'obtenir tout ce qu'il souhaite et regrette d'avoir accepté son invitation si rapidement et de ne pas avoir fait preuve de plus de retenue. Et puis, il est parti sans dire où ils iraient ce soir et elle réalise soudain qu'elle n'a pas de tenue appropriée pour un dîner.

Elle consacre le reste de sa journée à mettre à distance son appréhension, passant de stand en stand tout en songeant à la perspective de cette soirée qui ne la laisse pas sereine.

Après deux heures à visiter ainsi les antiquaires et les galeries, elle est heureuse d'apercevoir au détour d'une allée le stand de Van Cleef & Arpels dont elle a lu le nom dans la liste des exposants. Elle entre et aperçoit

Madame Girard qui doit être ici pour présenter les pièces patrimoniales de la Maison. Cette dernière va à sa rencontre et la salue avec chaleur. Toutes deux sont enchantées de se revoir et d'échanger leurs impressions sur la foire et leurs découvertes respectives. Partager ce moment avec elle la calme et étrangement la rassure. Mais bien vite, la fin de journée est là et Agathe doit prendre congé car la foire va fermer ses portes.

Elle rejoint son hôtel pour se préparer et y retrouve l'inquiétude qui l'avait quittée le temps de ses échanges avec Madame Girard.

C'est avec nervosité qu'elle s'habille, repasse une étole froissée et se maquille plus que d'habitude. Elle a retrouvé des boucles d'oreilles fantaisie dans sa trousse de toilette et s'en félicite, tout en essayant de faire taire l'anxiété qui la gagne chaque minute davantage.

« Je suis ridicule d'être autant stressée », dit-elle à voix haute pour tenter de se rassurer, tout en s'observant dans le miroir.

*

C'est avec le trac qu'elle descend finalement dans le hall. Depuis le haut des escaliers, elle l'aperçoit de profil. Il porte un manteau de laine gris perle et une écharpe rose pâle qui font ressortir sa peau mate et ses cheveux noirs. Elle le trouve beau et se sent plus impressionnée encore.

Il est en train d'observer des gravures accrochées au mur mais tourne la tête vers elle comme s'il avait senti sa présence. Tout en s'avançant vers elle, il lui adresse un grand sourire, affichant cet air qu'elle avait trouvé presque enfantin lors de la visite de l'atelier Van Cleef & Arpels et qu'elle lui a retrouvé ce matin, dans les allées de la foire, un visage bien différent de celui qu'arbore le personnage si sûr de lui qu'il peut être également.

Une fois en voiture, Ashok lui annonce qu'ils vont découvrir le château de Neercanne dont il a entendu parler à plusieurs reprises et où il est possible de dîner.

— Le château est situé à la frontière belge, poursuit-il en reprenant la conversation. Il date du XVIIIe siècle et ses jardins sont construits en terrasse, ce qui est rare aux Pays-Bas. J'ai lu que le tsar Pierre le Grand s'y est souvent rendu. Le château a été transformé en restaurant il y a plus de cinquante ans déjà, un lieu parfait pour un dîner !

L'entrain d'Ashok détend un peu Agathe et lui fait oublier sa nervosité. La conversation se poursuit sur leurs découvertes respectives durant l'après-midi. Agathe lui montre en photo le tableau qu'elle a découvert chez le galeriste Rafael Valls, une petite peinture à l'huile sur bois de la fin du XVIe siècle représentant le portrait d'un jeune garçon derrière une fenêtre aux vitraux ronds. L'œuvre est étonnante par son sujet et sa réalisation, le visage de l'enfant étant plus ou moins net selon l'épaisseur des petits carreaux. Ashok partage son intérêt puis lui raconte avoir visité le stand du galeriste Axel Vervoordt.

— J'adore sa façon de mêler Antiquité et art contemporain. C'est fascinant de voir un masque de l'époque minoenne faire écho avec tant d'évidence à une sculpture d'Anish Kapoor.

— Je suis tout à fait d'accord, approuve Agathe. J'ai eu la chance de voir la dernière exposition dont Vervoordt était commissaire au Palazzo Fortuny pendant la Biennale de Venise. C'était merveilleux.

Arrivés devant le parvis, ils interrompent leur conversation et, quelques instants plus tard, montent les marches du château côte à côte. Agathe est embarrassée par le romantisme cliché de cette scène mais ne peut se mentir plus longtemps : Ashok lui plaît. Cela fait des années qu'elle n'a pas été aussi heureuse d'être aux côtés d'un homme et elle a envie d'oublier ses idées reçues et ses a priori pour se laisser aller à l'instant présent.

Pour débuter la soirée, Agathe et Ashok sont conviés à boire une coupe de champagne dans les caves à vin du château situées dans des grottes de marne, une pierre calcaire de couleur claire dont ils apprennent que l'extraction date du XVe siècle. Le cadre est unique et tous deux explorent les anciennes galeries avec intérêt, découvrant sur les parois les signatures de visiteurs célèbres ainsi qu'une inscription commémorant la naissance de l'euro, qui a vu le jour ici même en 1992. Ils remontent ensuite à l'étage et s'installent au restaurant où ils dégustent une cuisine raffinée dont les mets sont sublimés par des vins parfaitement accordés. Le repas se poursuit et Agathe éprouve la sensation de flotter au-dessus la réalité.

Durant le dîner, Ashok lui raconte son enfance en Suisse, son entrée en pension à l'âge de 8 ans, puis le reste de son éducation dans les meilleures écoles du pays. Elle apprend qu'il a ensuite rejoint la London School of Economics, payée par son grand-père maternel. En effet, son père, Vijay Singh Doni, a surtout brillé par son absence. Héritier du dernier maharadja de l'ancien état princier d'Akalkot, il a rencontré sa mère, Charlotte Van Hert, à Londres dans les années 1970 avec qui il s'est marié en 1971. Mais cette union n'a pas duré et son père les a quittés après quelques mois pour partir en Australie y refaire sa vie. Son grand-père maternel a en quelque sorte pris le relais.

— Quand j'ai eu 25 ans, mon père est revenu dans ma vie. Il voulait me présenter la fille d'un de ses amis et m'a fait miroiter une partie de mon héritage en échange de ce mariage arrangé avec cette aristocrate indienne. J'ai refusé et cette décision a été un moment-clé pour moi, poursuit-il. Elle a marqué un tournant dans ma vie puisque je me suis lancé, seul, dans l'entreprenariat.

Agathe est touchée par son histoire et le voit soudain autrement. Elle remarque aussi que tous deux n'ont pas été élevés par leur père et ce point commun la rapproche un peu plus de lui. Quand elle lui demande s'il se rend parfois en Inde, il semble soudain ému.

— Je suis souvent allé à Delhi et Bangalore mais dans deux mois, je vais voyager dans le Maharashtra, l'État d'où vient ma famille paternelle et où je n'ai encore jamais mis les pieds. C'est dans le centre de l'Inde, à la hauteur de Bombay. J'ai été sollicité par une fondation et j'ai dit oui, mais je ne sais pas ce qui m'attend.

Les inquiétudes d'Agathe sur l'arrogance et la présomption d'Ashok s'envolent au fil des heures. Elle est de plus en plus touchée par son authenticité et se sent troublée par la profondeur de leurs échanges. Pour autant, elle ne se livre pas pour le moment, toujours tenue par cette peur qui la fait se tenir à distance.

Elle s'éclipse un instant pour aller aux toilettes et, légèrement exaltée, se répète à plusieurs reprises : « ça sonne juste ! », sans trop savoir ce qu'elle veut dire par là. Elle se hâte de rejoindre la salle du restaurant, et tout en marchant bien droite, elle a une pensée pour Aimée qui répétait à l'envi, « toute l'élégance réside dans l'allure » !

Vers 22 heures, gagnée par l'ivresse du vin et poussée par une énergie dont elle ignore la source, elle décide d'aborder le sujet qui la fait se sentir si mal à l'aise et d'avouer à Ashok comment elle a emprunté l'idée qu'il lui a soumise lors de leur entrevue au Centre Pompidou. Elle poursuit sans lui laisser le temps de répondre et ajoute qu'elle vient de trouver une offre de cession exceptionnelle, rue de Miromesnil, pour laquelle elle attend une réponse de financement. Elle finit en présentant ses excuses d'avoir refusé son aide avec tant d'impolitesse, et de lui avoir volé son idée sans même lui en parler.

Ashok l'écoute et affiche un air de plus en plus réjoui.

— Je suis ravi d'avoir pu vous aider, même de loin, dit-il en expliquant avoir été plus triste à l'idée de ne pas la revoir qu'il n'a été offusqué par son attitude. Je ne rencontre pas souvent des personnes comme vous, avoue-t-il, et j'aime chaque fois un peu plus vous revoir.

Agathe rougit et sans se contrôler, sourit aussi.

— Voyez donc, aujourd'hui, je n'ai pas pu m'empêcher de vous inviter à dîner, poursuit Ashok. J'ai pensé qu'au pire des cas vous refuseriez. Et puis, j'ai tout de même eu l'impression que vous n'étiez pas hostile à l'idée de m'accompagner chez Baghat et…

Ashok est en train de parler quand un serveur s'approche de leur table et s'excuse de les interrompre. Il porte leurs manteaux au bras et leur suggère de se rendre sur la terrasse pour assister à l'illumination des jardins et des terrasses.

— Ça vous dit ? demande Ashok en la regardant avec vivacité.

Agathe est heureuse de constater que pour une fois, il attend sa réponse et lui répond « oui » avec un grand sourire.

Tous deux se retrouvent sur l'esplanade et Agathe peut entendre les graviers crisser sous leurs pas tandis qu'ils approchent de la balustrade en pierre contre laquelle d'autres clients sont déjà accoudés. La nuit de mars paraît glaciale après la chaleur du restaurant. Agathe frissonne en posant la main sur la pierre froide et se penche pour tenter d'apercevoir le contrebas.

Soudain, les lumières jaillissent de l'obscurité et viennent illuminer les jardins. Agathe retient un cri de surprise devant le spectacle qui se dévoile sous leurs yeux. « C'est magique ! », pense-t-elle.

C'est alors qu'elle sent la main d'Ashok prendre la sienne. Elle tressaille mais demeure immobile, réalisant progressivement la scène qu'elle est en train de vivre. De son côté, Ashok ne bouge pas non plus mais ne lâche pas sa main pour autant.

Agathe sait que le plus infime de ses mouvements, exprimera la façon dont elle accueille son geste et ce qu'elle entend faire.

Elle peut sentir son cœur cogner dans sa poitrine et une vague de chaleur monter dans son corps. Elle prolonge quelques secondes encore ce moment suspendu pour en ressentir toute l'intensité. Elle presse finalement légèrement la main d'Ashok avant de se tourner vers lui. Elle sent alors ses lèvres se poser sur les siennes. Elles sont douces et son baiser l'emporte. C'est un baiser à la Clark Gable ou à la Humphrey Bogart, pensera-t-elle plus tard. Un baiser qui efface tout et auquel elle s'abandonne.

22.

Le reste de son séjour à Maastricht fut bien fade au regard de cette soirée passée avec Ashok.

Dès son retour de la foire d'art, une fois arrivée à Paris, Agathe n'a eu que quelques heures pour changer de valise et repartir aussi vite retrouver Julie. Elles vont toutes les deux passer le week-end dans la maison de famille de son amie en Charente et Agathe se réjouit de pouvoir lui confier tout ce qui vient de lui arriver.

Ce vendredi soir, la nuit est noire et une pluie diluvienne s'abat sur la vieille voiture dont les essuie-glaces fonctionnent à plein régime. Agathe observe son amie qui conduit, concentrée sur la route, et note qu'elle semble contrariée depuis qu'elle lui a annoncé avoir rencontré quelqu'un.

Agathe finit par l'interroger sur les raisons de son silence.

— Pour être honnête, je suis étonnée que tu aies attendu aussi longtemps pour me parler de cet homme. Il n'y a aucune obligation à tout se raconter mais là, c'est un vrai secret. Et c'est ça qui est blessant, admet-elle finalement.

— Excuse-moi. Tout était confus dans ma tête et je n'osais pas m'ouvrir à qui que ce soit. J'avais peur de me faire des idées. Pour tout dire, je suis très perturbée.

Ces derniers mots achèvent de dissiper la tension qui règne dans la voiture depuis que les deux amies se sont retrouvées et au feu rouge suivant, Julie se tourne vers elle en la regardant avec un grand sourire.

— Alors tu es enfin amoureuse ! Je suis si contente !

Agathe lui raconte en détail la soirée passée avec Ashok à Neercanne. Elle lui dépeint les caves à vin, le décor, le dîner, les illuminations des jardins.

— Il t'a invitée à dîner dans un château. Quel romantique ! Et tu as supporté ? plaisante Julie.

— C'est vrai que ce n'est pas mon truc, concède Agathe, mais cette fois, ça m'a semblé simple et naturel.

— Tu veux dire qu'il a fait un sans-faute ?

— Je n'aurais pas dit les choses comme ça, mais pour le moment, je me demande où se cache le problème. C'est presque suspect. Et tout est tellement parfait que je me demande pourquoi il est seul.

— Mais ce n'est pas parfait, rétorque Julie. Le type vit à Genève et passe son temps dans les avions. Il est d'ailleurs reparti aussitôt en voyage. Il y a des failles au tableau du prince charmant, ce qui expliquerait qu'il soit seul.

— Je te remercie, répond Agathe piquée. Je n'ai jamais dit qu'il était un prince charmant, loin de là.

— Admets que l'histoire vue de loin pourrait passer pour un conte de fées. Et puis je te taquine un peu aussi. Quand vas-tu le revoir ?

— Jeudi prochain. Il est parti à Londres pour sa société. Il est entrepreneur dans les nouvelles technologies ; il a monté une start-up entre l'Inde et l'Europe qui est devenue une énorme entreprise, si j'ai bien compris. Mais il a récemment fait évoluer la structure de sa société, ce qui lui laisse plus de temps pour ses passions, l'art, l'artisanat d'art, les pierres. Si tu savais combien il est cultivé ! Il est curieux de tout et connaît des tas de choses. J'ai l'impression que je ne pourrai jamais m'ennuyer avec lui.

Agathe lui raconte ensuite son histoire de famille et se sent émue à nouveau.

— Lui non plus n'a pas de père au final. À la fin du dîner, je lui ai confié à mon tour mon histoire, c'était naturel. Je lui ai raconté l'enquête que j'ai menée sur mes pères potentiels malgré moi après la mort de ma mère.

Il a un point de vue très singulier sur le sujet. Il pense qu'arrive un jour où l'on n'a plus besoin de ses parents, ni même de savoir qui ils sont. Pour lui, devenir adulte signifie accepter d'avoir eu des parents absents ou même seulement différents de ce dont on aurait eu besoin.

— Et que fait-il de la filiation ?

— Pour lui, il faut s'affranchir du poids des origines et s'offrir la liberté de devenir la personne que l'on veut être. Cette discussion m'a beaucoup fait réfléchir depuis deux jours, poursuit Agathe. Elle m'a permis de comprendre qu'au-delà de l'identité de mon père, j'ai surtout cherché à comprendre ma mère, à savoir ce qui s'était passé dans sa vie et tenter de faire la paix avec elle.

Après tout, un enfant ne rencontre jamais vraiment sa mère. Elle ne lui est pas présentée et personne ne lui explique son parcours ou son histoire. Il la connaît de tout temps et ne la regarde pas avec des yeux d'adulte avant longtemps.

Toutes ces recherches m'ont permis de mieux cerner qui était Aimée. J'ai compris que malgré ses défauts, elle m'a aimée par-dessus tout, sans doute mal, mais par-dessus tout. Et qu'elle était une femme qui osait vivre ses rêves, une femme pleine de vie et de passion.

Le silence revient dans l'habitacle de la voiture sur le toit duquel la pluie bat moins fort et Agathe ajoute pour conclure :

— Tu n'imagines pas combien je me sens changée d'avoir fait la paix avec Aimée. Je crois que les liens que l'on noue avec sa mère permettent ou empêchent toutes les histoires d'amour d'une vie. Je crois aussi que lorsque la différence entre deux personnes est trop grande, il n'y a pas d'autre chemin que l'acceptation. Et accepter ne signifie pas se résigner, mais plutôt accueillir l'autre tel qu'il est et l'aimer ainsi.

J'ai repensé à ce que tu m'avais dit un jour sur la différence en médecine entre douleur et souffrance. La douleur est palpable, physique et se vit dans la chair. La souffrance est le résultat d'une réflexion, d'une pensée. C'est une production de l'esprit. J'ai choisi de ne plus vivre de souffrance avec l'histoire de ma mère.

Sans un mot, Julie s'arrête sur le bas-côté et la serre dans ses bras, bouleversée.

— Je suis tellement heureuse pour toi. Si tu savais ! Bravo pour tout ce chemin !

Il reste encore une heure de route. Devant elle, Agathe peut voir la petite départementale dévider des kilomètres de bitume. Elle est émue par la présence et l'amitié de Julie, autant que par les sentiments qui la traversent. Elle se réjouit de laisser enfin ses émotions s'exprimer et puis dans moins d'une semaine, elle reverra Ashok et cette pensée la transporte.

— Allez, un peu de musique ! lance-elle gaiement en tournant le bouton du vieil autoradio.

Quelques secondes plus tard, *Here Comes the Sun* résonne dans l'habitacle et les deux amies reprennent en chœur : *Here Comes the Sun,* heureuses…

23.

Après un week-end joyeux et reposant, lundi matin le 16 mars, Agathe marche pour rejoindre les bureaux de Tajan. Un air de printemps flotte dans les rues et vient amplifier la légèreté qu'Agathe ressent déjà.

Elle consulte par habitude sa boîte mail personnelle et quelle n'est pas son émotion en voyant arriver à 9 heures précises une réponse favorable de l'une des banques interrogées pour le projet de rachat de l'Étude Chapuis.

Ce message déclenche chez elle une euphorie qu'elle ne peut vite parvenir à contenir. Débordant de joie, elle téléphone à Ashok, à Julie, à Ludovic, débitant la nouvelle à toute vitesse et tremblant d'excitation. Elle tourne en rond au bas de l'immeuble de Tajan, sans plus savoir comment exprimer son bonheur.

« Décidément, ce mois de mars 2015 aura été bouleversant pour ma vie », pense-t-elle en s'arrêtant un instant de marcher en tous sens.

Incapable de monter travailler ni de se concentrer sur autre chose que sa future étude, elle prétexte une migraine et rentre chez elle au pas de course. Là, elle initie les premières démarches auprès de Me Chapuis et ce dernier se déclare ravi de la voir reprendre son étude. Agathe doit signer de nombreux documents mais le processus de reprise est désormais enclenché et elle est tout à la joie de ce succès.

Il lui faut maintenant donner sa démission et commencer la période de préavis requise avant de démarrer sa nouvelle activité. Le départ effectif du commissaire-priseur est prévu début septembre. Dans la foulée, l'annonce officielle de la reprise pourra paraître, un moment qu'Agathe attend plus que tout.

Transportée, elle décide de célébrer cette nouvelle en petit comité avec Ashok, Julie, ainsi que Ludovic et sa femme, à la fin de la semaine, dans son appartement rue Bourdaloue.

« Ce sera en plus une occasion parfaite pour faire les présentations », se dit-elle, tout en appréhendant un peu cette première rencontre.

Entre les missions chez Tajan qu'il lui a fallu poursuivre et les démarches à faire pour sa propre étude, la semaine passe à toute allure et jeudi soir est vite arrivé. Agathe est heureuse à l'idée de retrouver Ashok pour dîner. Tout est si dense depuis qu'elle est revenue de Maastricht et du château de Neercanne où il l'a embrassée pour la première fois, que ce moment quand elle y repense lui semble à la fois proche et lointain.

Elle réfléchit à la tenue qu'elle va porter sans savoir quoi mettre et réalise que pour la première fois elle aurait envie de porter de la couleur et peut-être même des motifs. Ce désir l'étonne et l'interroge. Lui viendrait-il de la vision des foulards colorés qu'Ashok porte à chaque fois ? À moins qu'il ne vienne de la joie qu'elle ressent et qui l'emporte ? En tous les cas, elle est bien incapable d'y répondre, ses placards étant remplis de vêtements noirs.

Elle songe soudain aux pièces signées de sa mère qu'elle a gardées en espérant les vendre un jour. Elle a notamment souvenir d'une robe verte, dont les motifs végétaux imbriqués lui avaient plu. En la cherchant, elle trouve un petit sac à main, vert lui aussi, qui devrait faire un rappel parfait de la couleur de la robe.

Une fois parée, Agathe se regarde dans la glace et l'image qu'elle y trouve la surprend et l'enchante. Ce n'est pas sa mère qu'elle voit comme elle aurait pu le craindre mais une femme épanouie et heureuse. Elle est élégante et s'en félicite, mais il y a autre chose : un rayonnement, une énergie qui lui donnent une beauté inhabituelle.

Au moment de partir, Agathe ouvre le sac à main pour y mettre ses affaires et y découvre une lettre. De quoi peut-il s'agir ? Elle s'en saisit vivement et reconnaît alors l'écriture de sa mère dans l'adresse manuscrite qui indique Paul Weber, 8, rue du Repos, 75020 Paris.

— Mais que fait une lettre pour Paul dans ce sac ? s'étonne Agathe.

Elle la regarde à nouveau et découvre, en haut de l'enveloppe, la mention NPAI, l'acronyme de n'habite pas à l'adresse indiquée ainsi que le cachet de la poste en date du 28 août 1979.

Ainsi, la lettre n'aurait donc pas atteint son destinataire et aurait été retournée à son expéditrice, Aimée.

La stupéfaction d'Agathe est totale. Elle aimerait prendre le temps de comprendre mais elle ne peut s'attarder plus longtemps. Ashok l'attend et elle ne voudrait pas être en retard à leur premier vrai rendez-vous.

En le retrouvant, elle éprouve ce même sentiment de chaleur qui l'avait déjà submergée et se dit qu'elle ne doute plus un instant de l'histoire qu'elle commence avec lui. Leur conversation démarre immédiatement sur la reprise de l'Étude Chapuis. Elle s'étonne de voir combien Ashok s'avère être de bon conseil et d'un soutien solide. Son écoute et son expérience vont lui être précieuses.

Elle constate aussi combien chaque moment passé avec lui est intense.

C'est fou comme les choses vont vite entre nous, se dit-elle, se sentant heureuse de vivre pleinement le moment et d'éprouver de moins en moins de gêne à être elle-même.

Elle repense soudain à la lettre retrouvée plus tôt en constatant qu'elle l'avait oubliée, prise par le bonheur qu'elle ressent. Elle choisit de remettre le sujet à plus tard et de vivre le moment présent.

Ce n'est que trois jours plus tard, dimanche matin, après avoir passé la soirée chez elle rue Bourdaloue à fêter la future Étude Valmy de Bézieux, qu'Agathe se confie à Ashok et lui parle de sa découverte.

Elle lui rappelle le contexte et lui raconte plus en détail comment elle a rencontré Paul qu'elle avait rapidement évoqué lors de leur premier dîner.

Quand Ashok apprend que la lettre qu'Aimée avait adressée à cet homme n'est jamais arrivée jusqu'à lui, il réagit vivement.

— Mais il faut absolument que tu la fasses parvenir à Paul ! Tu ne peux pas la mettre aux oubliettes et encore moins laisser les choses inachevées alors que tu as maintenant la possibilité de les résoudre.

D'abord ébranlée par l'assurance d'Ashok, Agathe se laisse finalement convaincre. Mais si elle est résolue à remettre la lettre à son destinataire, elle n'imagine en aucun cas l'envoyer par la poste.

Ce serait tellement étrange, pense-t-elle. Comme si ma mère était encore vivante et en capacité d'envoyer une lettre. Elle ne peut pas imposer un tel choc à Paul. Elle doit absolument la lui donner en main propre.

Après en avoir parlé avec Ashok, elle a convenu avec lui qu'ils se rendraient tous les deux à Belle-Île afin de remplir ensemble cette mission. Et puis cela leur donnerait l'occasion d'une première escapade en amoureux. Ils conviennent alors de programmer ce voyage le week-end suivant qui se trouve être celui de Pâques. Ashok se charge d'organiser leur séjour.

24.

Ils sont arrivés à Belle-Île en début d'après-midi. Si Agathe s'est sentie fébrile à l'idée de ce premier week-end en amoureux avec Ashok, elle se détend d'instant en instant et s'abandonne avec bonheur à ce nouvel état. Elle se sent légère et savoure chaque moment au point de ne pas s'inquiéter outre mesure à l'idée de la rencontre avec Paul. Quand elle lui a téléphoné pour lui annoncer sa venue, elle a été gênée de lui dire qu'elle venait avec son ami, sans savoir exactement ce qui la mettait mal à l'aise. Est-elle embarrassée de cette situation inhabituelle pour elle ? Redoute-t-elle que les deux hommes ne s'apprécient pas ?

Paul a proposé un apéritif chez lui dimanche et le rendez-vous a été fixé à 19 heures. Bien qu'elle soit tout à son bonheur et à la nouveauté de son état, Agathe se demande néanmoins ce que contient la lettre de sa mère. Que dit-elle ? Comment Paul va-t-il réagir à sa lecture ? Est-ce vraiment une si bonne idée de remettre une lettre trente-cinq ans plus tard ?

Elle est plongée dans ces questions si bien qu'elle sursaute en sentant la main d'Ashok se poser sur son épaule.

— Tu reprends un café avec moi ? demande-t-il en déposant la carte de l'île sur la table et en faisant signe à la serveuse.

Elle accepte et Ashok commande deux espressos avant de s'asseoir et de déplier le plan. Rapidement, il lui fait part de ses envies d'exploration : les aiguilles de Port-Coton tant de fois peintes par Claude Monet, puis par d'autres artistes, le fort de Sarah Bernhardt, la citadelle Vauban, le port de Sauzon...

Agathe le regarde en souriant et se sent bien chanceuse. Elle aime son enthousiasme et s'étonne encore de sa candeur que rien ne semble entamer. Quelle force d'appréhender la vie de cette façon !

Le programme de la journée arrêté, ils débutent la visite de l'île par une balade sur la côte sauvage en direction des aiguilles de Port-Coton.

Devant eux, le spectacle est saisissant : la lande est tapissée d'ajoncs et d'arbustes qui fleurissent à ras du sol et mêlent leurs couleurs jaunes et roses. Au loin, la côte se découpe, lançant ses arêtes vives et acérées dans la mer bleu pétrole. L'écume vient par endroits relever la profondeur de l'eau. Un goéland vole en planant dans l'azur vif. Tout est d'une pureté étonnante, comme si le monde venait de naître.

« C'est un instantané de beauté », pense Agathe, en savourant la promenade.

Il est 19 heures quand Agathe et Ashok garent leur voiture dans le chemin de terre qui borde la maison de Paul, à quelques mètres du panneau indiquant le nom du village de Borderune.

Agathe peut voir les plantations fleurir en désordre dans le bout de jardin devant la maison, là où sont entreposés les casiers de pêche de Paul. Le contraste avec sa dernière venue en novembre est surprenant. Un chat s'échappe du jardinet et file entre leurs jambes tandis qu'Agathe toque à la porte en bois bleu.

— Entrez. Je suis dans la cuisine, crie une voix lointaine.

Agathe se rend à l'arrière de la maison, suivie d'Ashok. Paul vient de finir d'ouvrir des huîtres et sèche ses mains dans un torchon avant de les saluer.

Il leur propose d'apporter les verres et la bouteille au salon tandis que lui prendra les coquillages. Quelques instants plus tard, il les rejoint de son pas claudicant.

Dans la bibliothèque en désordre, Ashok a attrapé un livre.

— Vous êtes allé en Inde ? demande-t-il en feuilletant le volume.

Paul s'assoit dans un fauteuil après avoir déposé le plat sur la table basse.

— Est-ce qu'on peut se tutoyer ? Je n'ai jamais aimé les « vous », répond-il d'un ton un peu bourru. Tout en servant les verres de vin, il explique ne pas se souvenir du nombre de voyages qu'il a fait en Inde.

— Peut-être une quinzaine. J'adore ce pays. À un moment donné, je ne passais pas une année sans y mettre les pieds. Et c'était chaque fois une nouvelle découverte.

— On peut donc dire que vous connaissez bien, enfin que tu connais bien, se reprend Ashok.

— Oui, enfin si tant est qu'on arrive un jour à connaître et comprendre ce pays. Je devrais d'ailleurs parler d'un continent plutôt que d'un pays. Les Anglais eux-mêmes le désignaient comme le sous-continent indien.

Agathe se lève pour chercher le pain et le beurre qui manquaient. Depuis la cuisine, elle entend Paul et Ashok parler sans parvenir à saisir leur conversation. Elle est soudain emplie d'une sensation qu'elle n'a plus connue depuis longtemps et qui lui rappelle son enfance quand elle jouait dans le petit salon de l'appartement et qu'elle entendait des bribes de discussions dans la pièce d'à côté.

Elle a toujours éprouvé un sentiment rassurant à écouter les êtres aimés parler entre eux et passer un bon moment. Ressentir leur convivialité et leur plaisir, sans avoir à participer à leurs échanges, c'était pour elle se sentir en sécurité.

Quand elle les rejoint quelques minutes plus tard, Ashok est en train de feuilleter un autre ouvrage ayant pour titre *Au cœur de l'Inde*, et dont l'auteur n'est autre que Paul Weber.

— C'est un vieux bouquin que j'ai publié il y a vingt ans maintenant, explique Paul. Les photos datent des années 1980. L'éditeur, Olizane, est une excellente maison suisse.

Paul est plongé dans ses souvenirs quand Ashok lui demande s'il s'est déjà rendu dans le Maharashtra.

— Bien sûr ! s'exclame Paul. J'y suis allé en 1982 pour réaliser un reportage sur les tigres. Ils étaient en voie de disparition à cette époque-là. Je sais que le gouvernement a mis en place des réserves de protection depuis, mais quand j'y étais, c'était l'apogée du braconnage et c'était sacrément dangereux. Le reportage a été publié par *Paris Match*. Je dois l'avoir dans une boîte quelque part, fait-il d'un geste vague en désignant la bibliothèque.

Agathe est heureuse de constater que les deux hommes s'entendent bien et que la conversation va bon train. Elle ne peut néanmoins s'empêcher de noter que Paul n'a posé aucune question à Ashok et ne lui a même pas demandé d'où il était originaire en Inde. Elle songe qu'il est sans doute comme son ami Thierry, lui aussi grand reporter, moins curieux des êtres face à lui que de ceux qu'il rencontre dans ses voyages.

— Mais tout ça, c'est de l'histoire ancienne, coupe soudain Paul, comme s'il revenait à la réalité. On boit un coup ?

Quand Agathe tend son verre pour trinquer, Paul lui saisit le bras soudainement et regarde de près le bracelet en ébène orné de diamants qui se détache sur la peau claire de son poignet.

L'expression de son visage a tout à coup changé.

— Ce bracelet, dit-il finalement. Je l'avais offert à ta mère.

Agathe est stupéfaite. Elle n'aurait jamais pu imaginer que Paul puisse être l'homme qui se trouvait derrière ce cadeau. Elle est aussi ébranlée de constater que le seul bijou de sa mère qu'elle aime réellement et qu'elle ait eu envie de garder provienne de lui, lui qui est aussi l'homme qu'elle apprécie le plus parmi ceux qu'elle a rencontrés.

— C'est incroyable, finit-elle par dire. Ce bracelet est l'unique objet de ma mère dont je ne connaissais pas l'histoire. Je sais seulement qu'il a été commandé au joaillier Van Cleef & Arpels par un Allemand dans les années 1910.

— Un Alsacien. Lucien Beckershoff. C'était mon arrière-grand-père. Ma mère a hérité du bracelet le jour où elle s'est mariée et me l'a donné lorsque je lui ai présenté Aimée. Elle a dû penser qu'on allait se marier. Je suis heureux de savoir que ta mère l'a gardé malgré tout.

— Je l'adore moi aussi. Le style est sobre, il est très différent des autres bijoux de maman que j'ai vendus.

En s'entendant prononcer le mot « maman », Agathe sursaute soudain, comme si elle avait convoqué la présence d'Aimée parmi eux.

— Tu as bien fait, conclut Paul en ne lâchant pas son poignet des yeux.

Le moment est venu de lui parler, se dit alors Agathe.

— Avec le bracelet, ma mère avait gardé ta lettre mais j'en ai trouvé une autre, récemment, qu'elle avait oubliée dans un sac à main. Elle te l'a écrite et tu ne l'as jamais reçue. Tu avais dû déménager et le courrier ne t'est pas parvenu. Voilà ce que maman t'a envoyé. C'était en août 1979. C'est Ashok qui m'a convaincue de te la remettre, finit-elle en tendant l'enveloppe. Elle t'était destinée, et ce serait juste que tu la lises, même des années après.

Je ne l'ai pas ouverte, et je ne sais pas ce qu'elle dit, précise-t-elle avec délicatesse.

Paul se lève avec gravité et prend la lettre sans un mot, puis s'éloigne vers la fenêtre. Agathe le regarde de dos et peut l'entendre décacheter l'enveloppe et déplier le papier avant d'en commencer la lecture.

Un long moment se passe durant lequel le silence s'installe, de plus en plus pesant.

Agathe peut voir Ashok, immobile dans le canapé près de la bibliothèque. Elle est heureuse qu'il soit à ses côtés. Sa présence la rassure.

Finalement, Paul s'approche d'Agathe et lui tend la lettre sans un mot. Elle peut voir à son air qu'il est bouleversé et ne sait quoi lui dire. Elle la saisit et s'apprête à la lire à son tour, tremblant à l'idée de ce qu'elle va y découvrir.

Mon Paul,

J'ai encore téléphoné chez toi cette semaine mais tu ne réponds pas. J'ai l'impression que ce reportage dans les îles Fidji n'en finit pas. Tu n'es jamais parti aussi longtemps. Tu me manques.

Tu sais que je ne suis pas à l'aise avec les mots, alors je te le dis sans mettre les formes : je suis enceinte. Je voulais t'en parler ; tu es parti.

J'aimerais élever cet enfant avec toi et j'aimerais que tu sois son père. Je l'aimerais tant et j'espère que tu le voudras aussi.

Je suis loin d'être parfaite. Je regrette de t'avoir fait souffrir et de ne pas t'avoir assez dit combien je t'aime.

Je ne sais que trop la valeur de l'amour, cet unique carat.

Aimée

Agathe essuie ses yeux brouillés de larmes pour pouvoir relire la lettre une seconde fois. Elle cherche à analyser les mots de sa mère, leur signification, mais elle n'y voit pas clair, son émotion est trop grande. Elle note seulement que rien ne dit que Paul est le père de l'enfant qu'elle attend et comprend alors que sa mère lui avait dit vrai : elle ne savait pas qui était son père.

Soudain, elle n'a plus envie de songer ni au désordre ni à la confusion de la vie sentimentale d'Aimée.

« A quoi bon ? Ce sont les actes qui comptent et ils parlent d'eux-mêmes. Ma mère m'a élevée seule avec courage et détermination. Elle aurait voulu que Paul soit mon père mais ce dernier ne l'a pas su. Et finalement nous voilà lui et moi réunis après sa mort ! Quel étrange coup du sort ! »

Elle s'interroge sur la tournure qu'aurait pris leurs vies si Paul avait lu cette lettre à temps. Est-ce qu'il aurait pardonné à sa mère ? Aurait-il vécu avec elles ? Aurait-il accepté ? Rien n'est moins sûr, pense Agathe, de plus en plus ébranlée, et incapable pour l'instant de parler. Pendant tout ce temps, Ashok ne la lâche pas des yeux et elle sent son regard sur elle comme un soutien sans faille.

Quand Paul revient de la cuisine avec de nouveaux verres, il attrape une bouteille de whisky sur le buffet et s'exclame brusquement :

— Allez, on boit un coup ! On a besoin d'un truc un peu costaud après une histoire pareille !

Agathe se lève pour apporter un verre à Ashok et en profite pour s'asseoir à côté de lui dans le canapé. Elle n'a pas besoin de lui confier la teneur de la lettre d'Aimée pour qu'il la serre dans ses bras.

Il leur est difficile de reprendre une conversation. Agathe est bouleversée, Paul aussi. C'est lui qui finalement propose une promenade sur la lande.

— Il fait encore jour. Le grand air nous changera les idées.

Tous trois empruntent le sentier qui part du village vers la côte sauvage. Au loin, ils peuvent apercevoir la falaise tomber dans la mer. Le vent vif et saisissant vient rafraîchir leurs esprits confus.

Tout en avançant sur le chemin, Paul désigne, dans la crique en contrebas et plus loin vers le large, ses casiers de pêche. Il évoque le homard dégusté avec Agathe lors de sa première visite et reparle alors des échanges qu'ils ont eus à cette occasion. Il attrape le bras d'Agathe et lui dit à voix basse :

— Je te l'ai dit à ce moment-là et je te le redis : j'aurais été un père épouvantable. Je ne sais pas ce que ta mère imaginait. Et puis on ne va pas refaire l'histoire, ni regretter des choses qui n'existent pas. Comme disait Diderot, « si la mer bouillait, les poissons seraient cuits », conclut-il.

Agathe peut voir le soleil très bas sur l'horizon. En quelques minutes à peine elle le voit disparaître et laisser le ciel bardé de grandes traces orange et rouge.

Il est presque 21 heures – la nuit tombe tard à l'ouest de la France – et Agathe a maintenant envie de rentrer à l'hôtel et de se plonger dans un bain. Elle ose dire à Paul qu'elle veut rentrer se reposer. Au moment de dire au revoir, il la serre dans ses bras avec une tendresse et une douceur qu'il ne lui avait pas témoignées jusque-là.

— Trente-cinq ans plus tard, les souvenirs d'une personne que j'ai tant aimée ressurgissent avec toi. Sacrée Aimée ! Elle était incroyable ta mère ! ajoute-t-il avant de tourner les talons.

*

Le lendemain matin, Agathe peine à reprendre ses esprits.

La journée se déroule calmement. Tout en parlant, elle contemple avec Ashok la vue depuis la terrasse de l'hôtel. Le temps file et en milieu d'après-midi, il est déjà temps de quitter l'île.

Depuis la proue du navire, Agathe regarde maintenant les côtes s'éloigner tandis que le bateau avance à vitesse régulière. Elle aperçoit encore la silhouette fière de la citadelle Vauban et les deux phares blancs coiffés de leurs dômes rouge et vert à l'entrée du port. Accoudée au bastingage, elle entend les moteurs vrombir et observe l'écume frémir à la surface de la mer.

Elle compte que c'est la quatrième traversée qu'elle effectue à bord du bateau qui relie Belle-Île au continent et se promet de revenir sur cette île, non seulement parce qu'elle est touchée par la beauté du lieu, mais aussi parce que Paul vit ici et qu'elle compte bien garder contact avec lui et revenir le voir. Il les a d'ailleurs invités à plusieurs reprises avec Ashok lorsqu'ils se sont quittés la veille.

Agathe ose enfin se l'avouer : Paul est le seul homme qu'elle aurait aimé avoir comme père. Et ce souhait, exprimé par Aimée elle aussi, dans sa lettre posthume, les lie désormais tous les deux.

Elle se retourne et aperçoit Ashok à l'avant du bateau. Elle repense à ses mots la veille au soir quand il lui a dit qu'il l'aimait. Elle en est profondément heureuse et se sent comblée d'avoir rencontré cet homme qui l'étonne et l'émerveille et avec qui il lui semble avoir déjà partagé tant de choses.

Elle lui fait signe de la rejoindre sur le pont supérieur. En reposant la main sur le bastingage, son bracelet heurte le métal et le fait résonner. Surprise, elle regarde le bijou dont l'un des diamants attrape un rayon de soleil et vient l'éblouir de l'éclat de ses feux. La phrase de sa mère lui revient alors : « L'amour, cet unique carat. »

— C'est si vrai, pense-t-elle. Ni l'éclat, ni la valeur d'une pierre ne pourront jamais égaler le prix de l'amour.

Et en voyant Ashok monter les marches pour la rejoindre, elle se dit qu'elle est au début d'une magnifique histoire.

Remerciements

J'adresse tous mes remerciements à mon éditrice et à la maison Grasset pour leur confiance renouvelée et leur engagement.

Un très grand merci à ma famille et à mes amis pour m'avoir soutenue et accompagnée.

Je remercie chaleureusement Amélie, Christel, Juliette et Marine pour leur soutien et leurs précieux conseils.

Enfin mes remerciements vont aussi à Yannick Signard, Solène Taquet, Gregory Weinstock et Nicole Zagouri pour leur lecture attentive ainsi qu'à Vanessa Angleys pour mon congé d'écriture.

Cet ouvrage a été imprimé par
CPI Brodard et Taupin à la Flèche (Sarthe)
pour le compte des Éditions Grasset
en mars 2024.

Mise en pages
PCA 44400 Rezé

PAPIER CERTIFIÉ

Grasset s'engage pour l'environnement en réduisant l'empreinte carbone de ses livres. Celle de cet exemplaire est de :
700 g éq. CO_2
Rendez-vous sur
www.grasset-durable.fr

N° d'édition : 23146 – N° d'impression : 3055825
Dépôt légal : avril 2024
Imprimé en France